JN428128

10 STEP

10단계

신약성경 탐험

순출판사
CCC 한국대학생선교회

10단계 신약성경 탐험

1985년 2월 28일 초판 발행
2014년 6월 23일 개정판 1쇄 발행
2024년 1월 5일 개정판 5쇄 발행

지 은 이 빌 브라이트
발 행 처 순출판사
감 수 교육 & 개발팀
디 자 인 아이엠크리에이티브
일러스트 아이엠크리에이티브
주 소 서울시 종로구 백석동 1가길 2-8
전 화 02)722-6931~2 팩 스 02)722-6933
등록번호 제 2020-000159호

값 4,000원
ISBN 978-89-389-0272-6

본서의 판권은 순출판사에 있습니다. 무단 전재 및 복제를 금합니다.

책 내용과 관련된 문의는 한국대학생선교회_교육 & 개발팀 (02-397-6267)으로 문의 바랍니다.

CCC 10단계 성경교재

〈개정판〉

그리스도인은 날마다 영적으로 성장해야 합니다. 그리스도인이 성숙할수록 주님의 은혜를 더욱 풍성히 누리고 또 세상에서 주님을 위해 영향력 있는 삶을 살 수 있습니다.

CCC 10단계 성경교재〈개정판〉은 영적 성장에 필요한 하나님 말씀의 기본적이고 핵심적인 내용들을 담고 있습니다. 이 책을 공부하면 성경에 대한 지식과 중요한 교리뿐만 아니라 기독교 신앙의 광범위한 개관을 체계적으로 알 수 있으며 그리스도인의 삶의 특성과 그리스도인의 특권과 책임에 대해서도 배울 수 있습니다. 또한 나 자신의 영적 성장만 아니라 다른 사람을 그리스도에게 인도하거나 그의 믿음이 성장하도록 도울 수 있습니다.

이 교재는 중·고등학생에서부터 대학생과 성인, 모두가 사용할 수 있으며, 혼자서 공부할 수도 있고 그룹으로 함께 공부할 수 있는 주제별 성경공부 교재입니다.

CCC 10단계 성경교재〈개정판〉은 국제 CCC 창설자이신 고(故) 빌 브라이트 박사님의 지도하에 만들어진 책입니다. 책의 앞에 나오는 글은 빌 브라이트 박사가 하신 이야기입니다. 이 책은 본래 있던 교재를 다시 개정한 것입니다.

순(筍)

이새의 줄기에서 뻗어 나온 연한 순(筍)은 주님을 가리킨다(사 11:1; 53:1-12). 순은 가지에서부터 무한히 뻗는 동안 잎과 꽃과 열매를 맺는다. 순은 자신을 위해 있는 것이 아니라 숨어버리는 무한한 생명의 전달자요, 나룻배요, 어머니요, 수단이요, 기능일 뿐이다. 오늘도 CCC의 순(제자화를 위한 소그룹)은 이 땅에 '푸르고 푸른 그리스도의 계절'이 오도록 강인한 생명력으로 힘차게 뻗어가고 있다.

순(筍)출판사는 주님의 지상명령 성취와 한국 교회를 섬기기 위한 CCC의 문서사역을 감당합니다.

10 STEP

그리스도인의 성장을 위한
CCC 10단계 성경교재

신약성경 탐험

왜 신약성경인가?

국제 CCC의 창설자이신 고(故) 빌 브라이트 박사는 그의 어머니에 대해 다음과 같이 회고한다.

"나의 어머니는 16세 때 전통적인 감리교 부흥회에서 그리스도인이 되셨다. 학교 교사로 일하시는 어머니는 그리스도인이 된 이후에 이른 새벽과 늦은 밤에 끊임없이 성경을 읽으며 가족들을 위해 기도하셨다. 어머니는 93세에 세상을 떠나셨는데, 어머니의 성경책들은 너무 많이 읽어서 너덜너덜 해져 있었고, 어머니가 날마다 가족과 수많은 다른 사람들을 위해 간구하며 흘렸던 눈물로 얼룩져 있었다. 어머니의 신실하심과 경건한 삶은 나와 가족들, 그리고 어머니를 알고 있던 많은 사람들에게 풍부한 영적 유산으로 남아 있다. 그것을 생각할 때마다 나의 마음에는 따뜻한 사랑과 하나님께 대한 깊은 감사가 넘친다. 신약성경은 평생 열매 맺는 삶을 사신 어머니에게 가장 의미 있는 책이었다."

성경은 하나님의 영감으로 기록된 거룩한 하나님의 말씀이다. 하나님께서 성경 말씀을 얼마나 완전하게 구성해 놓으셨는지 참으로 놀랍다. 성령께서 하나님의 사람들에게 영감을 주셔서 그들이 그리스도의 생애와 죽음과 부활을 증거 하게 하셨고, 그들이 보았던 기적들과 하나님의 아들을 통해서 경험했던 사랑을 기록했다.

신약성경이라고 부르는 이유

1세기 말이 되어서 교회는 지금의 신약성경의 모든 책들을 갖게 되었다. 거의 300년 후에 그 책들이 한권으로 모아지고 교회 지도자들에 의해 권위 있는 성경으로 받아들여졌다. 성경의 마지막 27권의 책을 하나로 묶어 붙인 '신약성경'이라는 이름은 아주 깊은 의미가 있다. 그것은 예수님이 십자가에 못 박하시기 전날 밤에 하신 말씀에서 따온 것이다.

"이 잔은 내 피로 세우는 새 언약(신약)이니 곧 너희를 위하여 붓는 것이라" (눅 22:20).

옛 언약 = 구약

새 언약 = 신약

이 때 세워진 그의 언약은 모세의 율법이나 옛 언약과는 대조를 이룸으로 새 언약이라고 말한다(렘 31:31–34).

옛 언약

하나님이 먼저 아브라함과 언약을 맺으신 후 그의 후손인 이스라엘 백성들과 시내산에서 맺으신 언약이다(창 12:1–3, 15:1–11, 17:1–14; 출 19:5–6, 20:1–17;).

옛 언약인 율법은 인간의 죄를 드러내고 그들 스스로 구원할 능력이 없다는 것을 깨닫게 함으로 그리스도를 받아들일 준비를 하게 한다.

새 언약

예수 그리스도는 인류를 죄와 사망의 속박에서 벗어나게 해주시기 위해 오셨다. 죄와 죽음으로부터의 자유는 "새 언약"인 신약성경에 기록되어 있다.

"새 언약"이 그리스도가 죽으시고 부활하신 때에 공식적으로 세워졌고, 성경의 마지막 27권의 책들이 그리스도의 삶과 사역 그리고 죽음과 부활에 대해 기록하고 있기 때문에 신약성경이라고 적절하게 명명된 것이다.

신약성경을 한 눈에!

신약성경을 깊이 공부할 때 우리는 구속을 위한 하나님의 계획을 더 잘 이해할 수 있다. 아래에 소개하고 있는 신약성경 각 책의 요약은 이 책의 각 과를 공부하는 데 도움을 줄 것이다.

신약성경의 구성

<table>
<tr><th>복음서(4권)</th><th>역사서(1권)</th><th colspan="2">서신서(21권)</th><th>예언서(1권)</th></tr>
<tr><td>복음의 시작</td><td>복음의 행진</td><td colspan="2">복음과 삶</td><td>복음과 하나님
나라의 완성</td></tr>
<tr><td rowspan="2">마태복음
마가복음
누가복음
요한복음</td><td rowspan="2">사도행전</td><td>바울서신</td><td>일반서신</td><td rowspan="2">요한계시록</td></tr>
<tr><td>로마서 고린도전후서
갈라디아서
에베소서 빌립보서
골로새서
데살로니가전후서
디모데전후서
디도서 빌레몬서</td><td>히브리서
야고보서
베드로전후서
요한일이삼서
유다서</td></tr>
<tr><td>구약의 예언
대로 구속사
역을 성취하
신 예수 그리
스도의 삶과
사역</td><td>열방을 향한
예수 그리스
도의 통치의
확장</td><td colspan="2">하나님 나라 백성들의 삶을 위한 예수 그리
스도의 교훈과 원리</td><td>역사의 끝에 이
루어질 예수 그
리스도의 우주적
인 통치의 완성</td></tr>
<tr><td colspan="5">신약성경을 모두 합하면 27권</td></tr>
</table>

복음서

마태, 마가, 누가, 요한이 기록한 사복음서는 하나님의 아들이며 사람의 아들이신 예수 그리스도의 영원성, 족보, 탄생, 가르침, 죽음, 부활과 승천에 대해 기록하고 있다. 뿐만 아니라 예수 그리스도의 말씀과 사역으로부터 일어난 사건들을 보여 준다. 사복음서는 예수님의 삶을 완전하게 보여주는 전기는 아니지만 예수님이 누구신지는 분명하게 드러내고 있다. 즉, 복음서는 사람들이 예수님을 알고 믿을 수 있게 하는 하나님의 완전한 계시이다.

마태복음

저자인 마태는 갈릴리 출신 유대인으로 로마제국 통치 아래에서 혐오의 대상인 세리였다. 마태복음은 유대인들에게 그리스도가 그들의 약속된 메시아이며 왕이라는 것을 입증하기 위해 기록되었다. 마태는 오실 메시아에 대한 구약성경의 예언들이 예수 그리스도에게서 성취되었음을 잘 보여 준다.

마가복음

마가복음은 사도들의 조력자였으며 바울과 누가의 글에서 언급된 마가 요한이 기록하였다. 유대인이 아닌 이방인들을 대상으로 하는 이 복음서는 예수님을 능력있는 하나님의 종으로 드러내며 그분이 행하신 기적들을 강조한다.

누가복음

누가복음은 예수님을 구주로 묘사하지만 동시에 인간으로서의 모습을 강조하고 있다. 그 문체가 정교하고 고전적이어서 아름다움과 문화와 철학을 좋아했던 그리스 사람들에게 호소력이 있었다. 바울이 "사랑하는 의원"라고 부른 누가가 저자로 알려져 있다.

요한복음

요한복음은 예수님이 개인적으로 가장 가까이하셨던 사도 요한에 의해 기록되었다. 요한은 예수 그리스도가 성부, 성령 하나님과 동등한 성자 하나님이심을 보여준다. 하나님의 계시를 받은 요한은 사복음서 중 특별히 그리스도의 신성을 크게 강조하고 있다.

초대 교회의 역사

사도행전

사도행전은 신약성경에서 매우 중요한 책 중의 하나이다. 하나님의 나라가 성령의 능력으로 어떻게 확장되어 가는지를 명백하게 보여 준다. 저자의 이름이 언급되지는 않았지만, 누가복음과 사도행전은 의사이고 학자이며 역사가인 누가의 작품으로 받아들여진다.

바울서신

바울 서신은 복음을 전한 후 세워진 교회에서 일어나는 다양한 문제들에 답을 주기 위해 기록되었다. 이 서신들은 바울이 한 특정한 교회에게 그들이 직면한 문제를 염두에 두고 편지를 써 보낸 것들이다. 그러나 그 내용은 그리스도의 기본적인 교리와 가르침들을 제시하고 있어서 시대를 초월하여 모든 교회와 그리스도인들에게 필요한 말씀이다. 이 사실은 주제별로 그의 글들을 볼 때 잘 드러난다.

로마서

로마서에서 바울은 그리스도 사역의 성격과 구속에 대한 진리와 은혜의 교리를 이야기하고 있다.

고린도전후서

이 편지들에서 바울은 그리스도인의 삶의 규범을 제시하고 교회 안의 무질서의 문제들에 대해 답을 준다.

갈라디아서

바울은 율법을 지킴으로 구원받는 것이 아니라 오직 믿음에 의해서만 가능하다는 것을 가르친다.

에베소서

에베소서는 교회의 연합과 그리스도 안에서 믿는 자의 신분에 대해 강조한다. 또한 그리스도의 몸으로서 그 신분에 맞는 성도의 영적인 삶에 대한 진리를 제시하고 있다.

빌립보서

빌립보서는 변함없는 사랑으로 바울의 선교를 돕는 빌립보 교회에게 바울이 감사와 교훈과 격려를 보내는 선교 서신이다.

골로새서

바울은 그리스도의 신성을 옹호하며, 골로새 교회가 직면하고 있는 율법주의와 거짓 신비주의라는 두 가지 문제에 대한 답을 제시한다.

데살로니가전후서

이 서신들은 그리스도의 재림과 믿음을 시작한 성도들에게 확신을 주는 것에 초점을 맞추고 있다.

디모데전후서

바울이 그의 제자 디모데가 교회의 목회를 잘 감당할 수 있도록 교회의 질서, 건전한 믿음, 징계, 성도로서의 거룩한 삶과 그리스도를 드러내는 증인의 삶에 대해 말한다.

디도서

디도서는 디모데전후서와 함께 목회서신으로 불린다. 디도서도 바울이 그의 제자 디도가 그레데에서 목회를 잘 감당하도록 교훈을 주고 있다.

빌레몬서

빌레몬서는 바울이 도망갔던 빌레몬의 종 오네시모의 회심을 전하며 그를 받아들이도록 빌레몬을 권면하는 편지이다. 이 편지는 삶 속에서의 의로움, 형제애, 사랑에 대한 가르침을 준다.

일반서신

'일반서신'이란 말은 바울 서신과 구별하기 위해 4세기경부터 사용되었다. 바울 외에 다른 저자들이 기록한 일반서신은 특정 교회가 아닌 일반 교회들에게 써서 보낸 것이다.

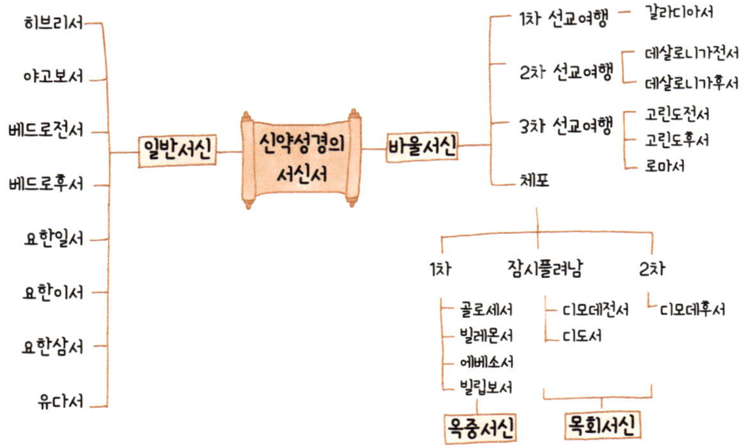

히브리서

히브리서의 핵심 주제는 새 언약의 중보자이신 예수 그리스도이다. 교리서로 여겨지는 히브리서는 유대주의의 좋은 것들과 그리스도의 더 좋은 것들을 비교한다.

야고보서

야고보서는 '살아 있는 믿음에는 반드시 선한 행실이 따른다는 것'에 초점을 맞춘다. 시험과 시련, 지혜로운 언어생활, 재물의 활용 등의 그리스도인의 생활 양식을 다룬다.

베드로전후서

베드로전후서는 우리의 죗값을 지불하신 그리스도의 속죄사역을 강조하면서 믿음의 토대인 하나님의 은혜를 다룬다. 이 서신들은 핍박받는 교회들에게 위로를 준다.

요한일이삼서

사도 요한이 사랑을 강조하고 적그리스도에 대해 경고한다.

유다서

한 장으로 이뤄진 이 편지는 교회에 임박한 배교를 경고하고 그것을 어떻게 감지하며 대처해야 하는지 말하고 있다.

예언서

요한계시록

요한계시록은 인류를 향한 하나님 계획의 절정으로 예수 그리스도의 최후 승리를 언급하고 있다. 이 책은 역사의 종말과 종말에 나타날 하나님의 영광을 계시로 나타내 보여 준다. 저자는 '큰 환란', 그리스도의 재림, 그리스도를 받아들인 자들을 위한 궁극적인 상급과 거부하는 자들에 대한 최후 심판을 그리고 있다. 이 책은 또한 하나님과 함께하는 천국과 영원에 대해 보여 준다.

제1과
마태복음

학 습 목 표 : 예수 그리스도와 구약과의 관계를 알게 되고 만왕의 왕으로서의 그리스도의 역할을 이해할 수 있다.

마태복음은 구약과 신약을 연결시켜 준다. 마태는 예수 그리스도가 구약성경에서 약속한 메시아이며 영원한 왕이고 구세주라는 것을 유대인들에게 입증하기 위해 이 책을 썼다. 마태는 유대인 독자들이 잘 이해할 수 있도록 다른 복음서보다 더 많이 구약성경을 인용하면서 예수님이 어떻게 구약의 예언을 성취했고 하나님의 나라를 이루시는지를 보여 주려고 했다.

마태복음은 "천국"이 33회나 언급되기 때문에 '천국복음'이라고 불리기도 한다.
또한 이 책은 그리스도를 따르는 자들이 하나님의 참된 백성이며 완성될 천국의 상속자들이라는 것을 보여 준다.

마태복음에 나타난 주요 내용

* 산상수훈
* 팔복
* 천국 비유들
* 주기도문
* 예수 그리스도의 신성에 대한 베드로의 고백

1 예수님의 족보

사복음서 중에서 오직 마태복음과 누가복음만이 예수님의 족보를 기록한다. 마태복음 1:1-17과 누가복음 3:23-38을 비교해보라.

1) 두 족보 사이에는 어떤 차이가 있는가?

2) 마태복음이 예수 그리스도를 왕으로 선포하고 있음을 생각해볼 때, 왜 마태가 그런 방식으로 족보를 기록했다고 생각하는가?

2 예수님의 설교

예수님의 생애를 기록하면서 마태는 그분이 말씀하신 주요 설교들을 체계적으로 정리하여 제시한다. 마태복음에 기록된 가장 긴 설교는 5-7장에 기록된 "산상수훈"이다.

1) 예수님께서 그의 제자들이 구약의 율법과 예언서의 도덕적 기준에 따라 사는 것이 중요하다고 생각하신 이유를 하나 들어보라. (마 5:16)

2) 예수님은 그리스도인들이 선행을 행할 때 사람들에게 칭찬 받고 싶은 욕망을 극복하는데 도움이 되는 약속을 주셨다. 그 약속은 무엇인가? (마 6:1-18)

3) 예수님께서 그리스도인들이 음식이나 의복과 같은 육체적 필요들에 대한 걱정을 극복하는데 도움이 되는 확신을 주셨다. 그 확신은 무엇인가? (마 6:25-34)

산상수훈(山上垂訓)은 역사상 가장 아름답고 유명한 설교라고 할 수 있다. 이 교훈은 큰 영향력을 가졌다. 예수님은 산상수훈을 통해 구약성경에 대한 주님의 관점을 당시의 서기관이나 바리새인들의 관점과 대조해서 보여주신다.

* 영적인 실제는 물질적인 세계를 초월한다(마 5:3-16).

예수님은 이 구절들에서 말씀하시는 '복'은 '행복'과 같은 말이며 진정으로 '만족함'을 말한다. 행복은 물질적인 소유나 겉으로 드러난 의로운 행동과 관련되는 것이 아니라 거룩한 성품, 진정한 영성과 관련된다.

행복 --> 거룩한 성품, 진정한 영성

* 내적 순전함이 외적 경건을 초월한다(마 5:17-6:18).

예수님은 바리새인들이 영성을 외적인 모습으로 보이려고 하는 것을 책망하셨다. 진정한 믿음은 마음에 있으며 하나님의 법은 사람의 마음속에서 이루어진다.

* 경건한 믿음은 세상적인 염려를 초월한다(마 6:19-34).

예수님은 자신을 위하여 제물을 쌓아 두는 것에 대해 하나님의 제물을 함께 섬길 수 없다고 말씀하시며 물질주의를 책망하셨다.

* 형제 사랑은 비판적 판단을 초월한다(마7:1-12).

예수님은 자신은 살펴보지 않고 다른 사람을 비판하는 태도에 대해 자신의 큰 죄를 보지 못하고 다른 사람의 작은 잘못을 비판하는 위선이라고 책망하셨다.

* 진실한 헌신은 거짓 교리를 초월한다(마 7:13-29).

천국에 들어가는 자는 주의 이름으로 큰 능력을 행하는 자가 아니라 주의 말씀을 듣고 행하는 자라고 예수님은 말씀하셨다.

4) 아래 장들에서 마태가 기록한 예수님의 말씀을 읽고 당신에게 가장 뜻깊은 교훈을 적어보라.

10장

13장

18장

24-25장

3 중요한 질문

마태복음 16:13에서 예수님은 자신에 대하여 중요한 질문을 하고 계신다.

1) 이 질문에 답하는 것이 왜 그렇게 중요한가?

2) 예수님이 베드로의 대답은 하나님께서 알게 해 주신 것이라고 말씀하신 이유는 무엇인가? (14-17절)

4 가장 큰 계명

마태복음 22:34-40을 읽으라.

1) 예수님은 어떤 의미로 이 두 계명이 모든 율법과 선지서의 강령이라고 말씀하셨는가?

참고: '온 율법과 선지자'는 전형적으로 구약성경을 일컫는 표현이다. 예수님 당시에 신약성경은 존재하지 않았으므로 예수님은 구약의 하나님 말씀 전체를 가리키신 것이다.

2) 마태복음은 예수님이 이 두 계명을 실행하신 것을 어떻게 보여 주고 있는가?

5 지상명령

마태복음 28:18-20을 읽으라.

예수님은 승천하시기 전에 그의 제자들에게 가장 중요한 명령을 주셨다. 많은 사람들이 이것을 지상명령이라고 부른다.

1) 예수님의 지상명령을 자신의 말로 바꾸어 써보라.

2) 모든 족속을 제자로 삼으라는 예수님의 목표가 다른 인간 통치자의 목표와 어떻게 다른가?

3) 지상명령은 당신에게 무엇을 의미하는가?

[보충자료 1]

사복음서 비교

어느 토요일 아침에 자동차 사고가 났다고 가정해보자. 길을 지나던 네 사람이 이를 목격했다. 그 네 사람은 변호사, 작가, 가정주부, 십대의 학생이었다. 경찰이 와서 이들의 증언을 듣는다면, 이들의 관점이 다르기 때문에 각각 자세하게 묘사하는 부분이 다 다를 것이다. 그러나 이 네 명의 이야기를 종합해 본다면 훨씬 더 분명한 사고 경위를 알게 될 것이다. 한 사건을 보고할 때 네 사람의 보고가 한 사람의 보고보다 더 분명하고 완벽하듯, 네 권의 복음서들은 예수님의 삶과 사역을 각기 다른 각도에서 보았으나 모두 완전한 조화를 이루고 있다.

1. **마태복음** – 유대인의 왕이요 메시아로 오신 예수님을 소개한다. 유대인들을 위해 기록되었다. (마 1:1; 5:17–19)

2. **마가복음** – 마가는 예수님을 악한 영들, 질병, 죽음 등을 정복하신 위대한 승리자로 소개한다. 또한 고통당하시고 마침내 승리를 거두는 종의 모습으로도 소개한다. 마가복음은 원래 로마 그리스도인들을 위해 기록되었다고 추정된다. (막 10:45)

3. **누가복음** – 구세주 하나님인 동시에 완전한 인간으로서의 예수님을 소개한다. 헬라인을 염두에 두고 기록했다. (눅 2:11; 19:10)

4. **요한복음** – 예수님을 하나님으로 소개한다. 모든 사람을 위해 기록되었다. (요 1:1–14)

[보충자료 2]

마태복음에 나타난 예언의 성취

예언은 예언자들이 말이나 글로 전하는 메시지로서 하나님의 능력과 지혜를 보여 준다. **예언의 목적**은 세상에 대한 주님의 계획과 목적을 드러내는 것이다.

내용	성취	예언
다윗의 자손	마태복음 1:1; 22:42–45	이사야 9:6–7
동정녀로부터의 탄생	마태복음 1:18–25	이사야 7:14
베들레헴에서 탄생	마태복음 2:1–11	미가 5:2
애굽에 머무름	마태복음 2:13–15	호세아 11:1
갈릴리에서의 생활	마태복음 4:12–16	이사야 9:1, 2
엘리야와 같은 사자(使者, Messenger)가 길을 예비하며 그의 오심을 알림	마태복음 3:1–11	이사야 40:3–5; 말라기3:1; 4:5–6

베들레헴의 자녀들이 슬퍼 통곡하는 때에 메시아가 오심	마태복음 2:16-18	예레미야 31:15
긍휼을 베푸심	마태복음 12:9-21	이사야 42:1-4
병 고치는 사역	마태복음 8:14-17	이사야 53:4
비유를 들어 가르치심	마태복음 13:10-16	이사야 6:9-10
지도자들로부터 불신과 미움과 거부를 당함	마태복음 15:1-10	이사야 29:13
승리의 예루살렘 입성(入城)	마태복음 21:1-9	스가랴 9:9
죽임 당한 목자	마태복음 26:31	스가랴 13:7
은화 30개로 친구에게 배신당함	마태복음 27:3-10	시편 41:9; 슥 11;12-13
부자에 의해 장사됨	마태복음 27:57-60	이사야 53:9
운명하실 때의 말씀들	마태복음 27:46	시편 22:1
3일 만의 부활	마태복음 12:40; 28:1-10	시편 16:10, 11

적용

1. 이 과에서 당신에게 가장 의미 있는 것은 무엇인가?

2. 왕이신 그리스도께서 당신의 생활을 다스리시도록 하기 위해 어떤 영역을 그에게 맡길 것인가? 구체적으로 적어보라. 각 영역을 그분이 주장하시도록 기도로 요청하라.

3. 당신의 삶에서 지상명령을 더 잘 적용할 수 있는 방법을 적어보라.

가정 생활 :

일터/학교생활 :

외울 말씀 마태복음 28:18-20

예수께서 나아와 말씀하여 이르시되 하늘과 땅의 모든 권세를 내게 주셨으니 그러므로 너희는 가서 모든 민족을 제자로 삼아 아버지와 아들과 성령의 이름으로 세례를 베풀고 내가 너희에게 분부한 모든 것을 가르쳐 지키게 하라 볼지어다 내가 세상 끝날까지 너희와 항상 함께 있으리라 하시니라

읽을 말씀 마태복음 5-7장

제2과

마가복음

학 습 목 표 : 예수님께서 종의 모습으로 하나님을 섬기신 것과 어떻게 사람들을 깊이 돌보셨는지를 배울 수 있다.

신약성경에서 마태복음이 마가복음보다 앞에 나와 있지만, 마가복음이 4복음서 중에 가장 빨리 기록되었다고 본다. 마가복음은 로마에 있는 그리스도인들에게 복음을 전하기 위해 A.D. 60-70년 사이에 로마에서 기록하고 발간한 것 같다. 로마 사람들은 실용적인 것을 좋아하는 사람들이어서 유대인의 역사와 신앙에 대해서는 관심이 없었다. 또한 그들은 생각하기보다는 행동하는 것을 좋아했기 때문에 마가는 예수님의 말씀보다 그의 기적과 행적으로 가득한 복음서를 썼다.

마가복음 --> 예수님의 기적과 행적 강조

마태와 마가는 복음에 대해 서로 다르게 접근한다. 마태는 예수님을 다윗의 후손이요 구약의 예언을 성취한 왕으로 묘사한 반면, 마가는 십자가의 죽으심과 부활하심으로 죄와 사탄을 정복하시고 영원한 구원을 이루신 하나님의 종으로 묘사한다.

로마교회는 이방인과 유대인 모두를 포함하고 있어서 모든 사람을 제자로 부르시는 예수님의 우주적인 부르심을 강조한다. 마태와 마가가 복음에 대해 다르게 접근하지만, 모두 온 세상에 가서 복음을 전하라는 주님의 지상명령을 말하고 있다.

마가복음은 사복음서 중 가장 짧지만 사람들에게 보이셨던 예수님의 사랑과 그가 완성하려고 하셨던 사명으로 가득차 있다.

마태복음 --> 예수님의 왕 되심
마가복음 --> 예수님의 종 되심

1 예수님의 사역

1) 마가는 예수님이 오신 목적이 무엇이라고 말하는가? (막 10:45)

2) 예수님은 왜 제자들을 세우셨는가? (막 3:13-15)

3) 예수님께서 제자들에게 요구하셨던 자질은 무엇이었는가? (막 1:16-20)

4) 당시 종교지도자들은 예수님이 행하신 것들에 대해서 왜 화를 냈는가? (막 2:1-3:6)

1-12절

13-17절

18-22절

23-28절

3:1-6절

모든 사람을 인내로 섬기시는 것을 통해 예수님이 사랑의 마음을 가지신 것을 알 수 있다. 주님은 어린 아이들, 소외된 자들, 병든 자들, 귀신 들린 자들, 심지어 대적하는 자들을 위해 시간을 보내셨다. 예수님이 얼마나 피곤하셨을지 상상해보라! 많은 사람들이 어디서든 그를 따랐고, 군중들은 예수님을 보려고 서로 밀고 당겼다. 모든 사람이 예수님께 무엇인가를 원했다. 바리새인들은 끊임없이 예수님의 잘못된 행동을 책잡으려고 했다. 예수님은 제자들을 가르칠 시간도 그들의 일을 잘 하도록 준비시킬 시간도 거의 없었다. 그리고 얼마 후에는 거절과 죽음이 기다린다는 것을 알고 있었다. 그 와중에서 그는 가르치시고, 병을 고치시고, 죄인을 용서하시며, 고통을 당하고 죽으셨다. 마가복음에서는 예수님이 다른 사람을 섬겼던 방식을 보여 준다.

그의 사역은 진정한 섬김의 왕(Servant-King)으로서의 사역이었다.

2 예수님의 기적

1) 마가복음 4-5장에서 예수님이 행하신 네 가지 기적을 적어보라. 각 기적에 나타난 예수님은 어떤 분이신가?

① 4:35-41

② 5:1-20

③ 5:21-23, 35-43

④ 5:25-34

2) 예수님이 기적을 행하시는 것을 방해하는 것은 무엇인가? (막 6:1-6)

예수님이 베푸신 기적은 하나님의 임재와 능력을 초자연적으로 나타내심으로 예수님이 가르치시려고 하는 진리를 사람들이 주목하고 받아들일 수 있도록 도왔다. 기적은 예수님이 하나님으로부터 왔다는 증거가 될 뿐 아니라 동시에 사람들의 당면한 필요를 채우는 방법이기도 했다. 예수님은 하나님의 종으로 사역하시면서 기적을 통해 하나님의 능력과 사랑을 나타내셨다.

마가복음에 기록된 다른 기적들

- **신체적 병의 치료**

베드로의 장모 – 1:29–31
각종 병든 자 – 1:32–34, 5:25–29
나병환자 – 1:40–45
중풍병자 – 2:3–12
손 마른 사람 – 3:1–5
귀먹고 말 더듬는 사람– 7:31–37
맹인 – 8:22–26

• **자연을 다스리심**
5,000명을 먹이심 – 6:34-44
물 위를 걸으심 – 6:45-52
4,000명을 먹이심 – 8:1-9
무화과나무를 마르게 하심 – 11:12-14

• **귀신들린 자를 고치심**
회당의 귀신들린 자 – 1:23-27
수로보니게 여인의 딸 – 7:24-30
귀신들려 말 못하는 아들 – 9:14-29

3 예수님의 죽음과 부활

마태는 예수님의 죽음과 부활을 통하여 그가 메시아이시고 왕이심을 확증한다. 마가는 예수님의 죽음을 통해 그가 죽기까지 복종하신 종의 모습을 보여주며 부활하시고 승천하심으로 예수님이 영광스런 하나님의 아들이신 것을 보여 준다(마 26-28장; 막 14-16장).

1) 마태복음과 마가복음이 어떻게 끝나는지 비교해보라. 이것은 무엇을 의미하는가? (마 28:18-20; 막 16:19-20)

2) 종 되신 그리스도께서 어떻게 높아지셨는지 적어보라. (막 16:1-20)

3) 예수님의 왕의 특성과 종의 특성을 말해보라. 예수님의 삶 속에서 어떻게 조화롭게 나타났는가?

예수님은 근본 하나님의 본체시지만 자기를 비워 종의 모습을 취하셔서 우리와 똑같은 사람이 되셨고, 자기를 온전히 낮추시고 십자가에 죽기까지 하나님께 복종하셨다(빌 2:6-8). 예수님의 성육신과 죽으심은 종으로서의 사역의 절정이라고 할 수 있다.

십자가에서 죽으시고 부활, 승천하신 주님은 이제 높임을 받아 하나님 아버지의 우편에 앉아 모든 권세를 가지고 계시지만, 성도들을 위해 하나님께 끊임없이 중보기도를 드리신다.

적용

1. 이 과에서 당신에게 가장 의미 있는 것은 무엇인가?

2. 예수님의 종 되심에서 당신은 어떻게 느끼고 무엇을 배웠는가?

3. "너희 중에 누구든지 으뜸이 되고자 하는 자는 모든 사람의 종이 되어야 하리라" (막 10:44-45)는 말씀을 당신의 삶 속에서(가정, 일터, 교회, 학교) 어떻게 적용할 수 있겠는가?

마가복음은 예수님이 이 세상에 오셔서 어떻게 섬기셨는지를 보여 준다. 그리스도인으로서 다른 사람들을 섬길 때 주의해야 할 것이 있다. 때때로 우리는 섬기면서도 스스로 영광을 받고 인정을 받으려고 한다. 다른 사람을 섬긴다는 명목으로 그리스도의 영광을 취해서는 안 된다. 무슨일을 하든 올바른 태도와 선한 동기를 가지고 있는지 스스로 점검해 보아야 한다. 그렇게 할 때 그리스도께서 우리를 섬기셨던 것처럼 우리도 다른 사람을 섬길 수 있다.

외울 말씀 마가복음 10:44-45
너희 중에 누구든지 으뜸이 되고자 하는 자는 모든 사람의 종이 되어야 하리라 인자가 온 것은 섬김을 받으려 함이 아니라 도리어 섬기려 하고 자기 목숨을 많은 사람의 대속물로 주려 함이니라

읽을 말씀 마가복음 14-16장

제3과
누가복음

학 습 목 표 : 인간으로 오신 예수 그리스도를 깊이 이해할 수 있다.

누가복음은 구세주가 되시려고 인간으로 오신 예수님의 생애를 시간의 순서에 따라 정확하고 포괄적으로 그린다. 그리스도의 탄생과 그의 어린 시절을 가장 자세하게 기술하고 있으며 다른 복음서에 나오지 않는 선한 사마리아인과 탕자의 비유, 그리고 십자가상의 강도와 같은 소외된 사람들의 이야기를 기록하고 있다. 누가는 제자들 뿐 아니라 가난한 자들, 소외된 자들, 죄인들을 향한 예수님의 사랑을 묘사한다. 또한 예수님이 어떻게 성령을 전적으로 의지하셨는지를 보여 준다.

누가는 당시 가장 발달된 문화를 누렸던 헬라인들을 위해 복음서를 썼다. 헬라 교육을 받은 의사였던 누가는 그의 독자들이 이상적이고 완전한 사람의 전형으로 예수에게 사로잡히게 될 것을 알았다.

누가는 환경의 제약과 영향 아래 있는 예수님의 인간적인 면을 보여 줌과 동시에 완전한 하나님으로서의 예수 그리스도를 그리고 있다.

1 서론

누가복음 1:1-4을 읽으라.

1) 누가복음의 원래 수신자는 누구이며 어떤 사람인가?

2) 이 복음서의 수신자는 이미 예수님의 교훈에 대해 알고 있었다. 어떻게 그것을 알 수 있는가?

3) 누가는 이 복음서를 왜 데오빌로에게 썼는가?

4) 누가가 데오빌로에게 복음을 전한 것은 어떤 면에서 효과적인 전도 방법이라고 할 수 있을까?

2 예수님의 사역

1) 예수님이 사역하시면서 만났던 사람들과 그의 사역으로 나타난 결과를 적어보라.

(1) 6:17-19

(2) 7:36-50

(3) 8:1-3

(4) 15:1-7

(5) 17:11-19

(6) 23:39-43

2) 오늘날 예수님이 당신이 살고 있는 지역에 계신다면 어디에서 사역하실 것 같은가?

예수님은 다른 사람들이 회피하는 사람들과 함께하셨다. 예수님과 가까이 지냈던 사람들을 생각해보라. 어부, 세리, 병든 자들, 귀신들린 자들, 부도덕한 자들이었다. 이들은 사회의 부유층이나 지도층이 아니었다. 물론 예수님은 종교 지도자들, 지성인들, 부유한 자들과도 시간을 보내셨다. 이러한 대조는 그분의 죽음의 현장에서도 분명하게 드러난다. 예수님은 그의 옆에서 십자가형을 받은 강도에게 복음을 전하셨고, 예수님의 시체는 그를 사랑하는 부자에 의해서 장사되었다.

우리의 일은 예수님께서 하셨던 것처럼 사람들을 돌보는 일이다. 누가복음 19:10에서 "인자가 온 것은 잃어버린 자를 찾아 구원하려 함이니라."고 예수님은 말씀하셨다. 사람의 사회적 위치, 재산, 재능은 예수님에게 문제가 되지 않았다. 중요한 것은 그들에게 영원한 생명을 줄 수 있는 구세주에 대한 필요를 깨닫게 해주고 채워주는 것이었다.

3 예수님의 기도

1) 기도에 대한 세 가지 비유를 읽으라. 각각의 비유는 기도에 대해 무엇을 말하고 있는가?

(1) 누가복음 11:5-13

(2) 누가복음 18:1-8

(3) 누가복음 18:9-14

2) 예수님은 어떻게 기도의 본을 보이셨는가?

(1) 5:15-16

(2) 6:12-13

(3) 11:1

(4) 22:39-44

(5) 23:46

3) 당신의 삶에 예수님의 기도의 본을 어떻게 적용할 수 있겠는가?

4 예수님의 고난

1) 누가는 예수님이 그리스도임에도 불구하고 죄인들에 의해 고난을 받고 죽게 될 것을 여러 번 언급한다(눅 9:22-31; 13:31-35; 18:31-34; 24:7, 25-27, 44-47). 예수님이 자신의 죽음을 왜 여러 번 말씀하셨다고 생각하는가?(18:31-34)

2) 왜 사람들은 예수님을 십자가에 처형하기를 원했는가? (눅 22:66-23:5, 참고:눅 1:47-48)

3) 예수님의 고난과 죽음이 하나님의 계획하심이었다는 것을 어떻게 알 수 있는가?

예수님이 능력과 권세가 없어서 유대인들에게 잡혀 죽으신 것이 아니라 우리를 위해 스스로 자원하여 죽임을 당하셨다. 이는 하나님이 우리를 얼마나 깊이 사랑하시고 보살피시는지를 알 수 있다.

5 예수님의 부활

1) 예수님이 다시 살아나신 것을 여자들이 먼저 알게 된 이유가 무엇인가? (눅 23:26-27, 48-49, 55-56; 24:1-9)

2) 이것은 당신이 주님을 충성스럽게 섬기는 일에 있어서 어떤 의미가 있는가?

3) 예수님은 제자들이 부활을 믿고 확신할 수 있도록 무슨 일을 하셨는가?(눅 24:13-49)

[보충자료]

다른 복음서에서는 거의 언급하지 않은 예수님의 유년시절에 대해 누가복음은 2:40-52에서 간략하게 말해준다.

1. 심령이 강하고 지혜로움 - 2:40
2. 12세 때에 랍비(성경학자)들과 토론하며 배우셨다. - 2:46-47
3. 배움의 열정이 있었고 그의 이해력은 사람들을 놀라게 했다. - 2:43-47
4. 하나님 아버지의 일에 우선순위를 두셨다. - 2:49
5. 부모님께 순종하셨다. - 2:51
6. 하나님을 영화롭게 하면서 사람들을 기쁘게 했다. - 2:52

누가가 특별히 강조한 점은 예수님의 인성이다. 다른 복음서의 저자들처럼 예수님을 하나님의 아들로서 묘사도 하지만, 병들고, 약하고, 고통받고 소외된 사람들에게 긍휼의 마음을 베풀었던 예수님을 강조한다.

마태복음의 예수님의 족보는 요셉의 혈통을 따랐고 누가복음의 족보는 마리아의 혈통을 따랐다고 말한다. 하나님은 아브라함이라는 한 가족을 택하여 하나님의 아들을 세상에 보내는 길을 준비하셨다. 아브라함의 계보는 후에 다윗의 가족으로 구체화되었다. 하나님은 세상에 오실 그의 아들의 혈통을 보전하기 위해 수 세기를 걸쳐 히브리 민족을 세우시고 지켜 오셨다. 마태는 아브라함으로부터 시작되는 예수님의 족보를 기록했지만, 누가의 족보는 아담까지 거슬러 올라갔다. 이것을 통해 모든 인간이 아담에서 시작되었다는 사실을 보여 준다. 또한 그리스도가 차별 없이 모든 인간을 위해 오셨다는 사실을 분명하게 보여 주고 있다.

적용

1. 이 과에서 당신에게 가장 의미 있는 것은 무엇인가?

2. 우리를 위해 고난 당하신 예수님의 모범은 당신이 삶에서 위기를 당할 때 어떤 도움을 주는가?

3. 예수님이 사역 속에서 만났던 사람들을 볼 때, 이것이 당신의 섬김에 어떤 영향을 미치는가? 당신이 예수님처럼 긍휼을 실천할 수 있는 방법들을 몇 가지 적어보라.

외울 말씀 누가복음 19:10
인자가 온 것은 잃어버린 자를 찾아 구원하려 함이니라

읽을 말씀 누가복음 2장

제4과

요한복음

학 습 목 표 : 예수님이 하나님의 아들 되심을 살펴볼 수 있다.

"사랑의 복음"이라고 불리는 요한복음은 많은 그리스도인들로부터 가장 큰 사랑을 받고 있다. 요한은 예수님이 하나님의 아들이며 그를 믿는 자는 영생을 얻게 된다는 것을 확실히 입증하려고 했다. 예수님을 "세상 죄를 지고 가는 하나님의 어린양"(요 1:29)으로, 인간의 몸을 입고 오셔서 사람들 중에 사셨던 창조주로 묘사하면서 예수 그리스도의 유일성에 초점을 맞춘다.

복음서들을 함께 살펴보면 가르침의 진전을 발견하게 된다. 예를 들어 마태복음은 부활로 끝나고(마 28:16-20) 마가복음은 승천으로 끝난다(막 16:19). 누가복음은 성령에 대한 약속을 주고(눅 24:49) 요한복음에서는 예수께서 제자들에게 성령을 불어 넣어 주시며 다시 오실 것을 말씀하신다(요 20:22).

요한복음을 제외한 세 복음서를 공관복음이라 부른다. '공관(共觀)'이란 말은 저자들(마태, 마가, 누가)이 같은 관점으로 예수님의 생애를 보았다는 것을 의미한다. 마태복음 내용의 절반 이상이 마가복음에도 있으며 최소한 누가복음의 3분의 1이 마가복음에서 비슷한 형태로 나타난다. 55절 정도를 제외한 마가복음의 내용 전체가 마태복음이나 누가복음에 나온다. 마태복음과 누가복음의 약 4분의 1이 비슷한 내용인데, 마가복음에서는 찾아볼 수 없는 내용이다. 각 복음서는 그리스도의 삶과 가르침을 다른 각도에서 기록했다. 마태는 마태복음의 많은 사건들을 실제로 본 목격자였고, 마가는 실제로 본 증인인 베드로의 도움을 받아 기록했다고 추정한다. 의사요 역사가인 누가는 다양한 직접적인 자료들을 사용했을 것이다(눅 1:1-4).

요한이 쓴 제 4복음서는 공관복음과는 다르다. 이 복음서 역시 목격자의 증언(요 21:24)이지만, 사건의 빠른 진행보다는 그리스도의 삶과 가르침에 집중하고 있다. 요한복음의 내용은 수년 전에 이미 기록된 다른 복음서의 내용들을 좀 더 깊이 숙고하여 철학적이고 주관적이고 해석적으로 쓰고 있다. 또한 요한은 다른 복음서에 나타나지 않는 새로운 자료들을 많이 담고 있다. 그는 단지 몇 사건들만을 선별하여 그것을 확대 설명하였는데, 이는 예수 그리스도를 믿게 하기 위해 특별한 목적으로 선별되었다.

요한복음에서 특별히 강조하는 것은 그리스도의 신성(神性)이지만 예수님께 대한 믿음과 신뢰도 강조한다. 흥미로운 것은 예수님이 하나님의 아들 되심에 대한 유대인들의 완고한 거부와 불신이 믿음과 신뢰라는 요한복음의 주제를 더욱 강화한다.

사복음서의 강조

* 마태 : 왕 되신 그리스도
* 마가 : 종 되신 그리스도
* 누가 : 그리스도의 인성
* 요한 : 그리스도의 신성

1 예수님의 명칭

1) 요한복음 1:1–18을 읽으라.

(1) 예수님을 말씀이라고 부르는 이유는 무엇인가? (요 1:1–3, 18)

(2) 예수님을 빛으로 부르는 이유는 무엇인가? (요 1:4–13)

(3) 예수님을 아들이라고 부르는 이유는 무엇인가? (요 1:14, 18)

2) 요한복음에서 예수님이 자신을 나타낼 때 구약에서 하나님이 자신을 가리켜 사용하신 "나는...이다"(I am~)라는 표현을 똑같이 사용하심으로 그의 신성을 암시하고 있다. 이를 은유적으로 표현한 것은 7번 나타난다. 아래 구절에 나타난 그 칭호와 의미를 간단하게 설명하라.

(1) 6:35, 48

(2) 8:12; 9:5

(3) 10:7, 9

(4) 10:11, 14

(5) 11:25

(6) 14:6

(7) 15:1, 5

위에서 본 예수님의 칭호들 외에도 예수님의 신성(神性)을 드러내는 또 다른 표현들이 있다.

1. '내가 곧 그(메시아)이다' (요 4:26; 6:20; 8:24, 28, 58; 9:9, 37; 13:19; 18:5–6, 8)
2. '아브라함이 나기 전부터 내가 있느니라' (요 8:58)
3. '나와 아버지는 하나이다' (요 10:30)
4. '무릇 살아서 나를 믿는 자는 영원히 죽지 아니하리니' (요 11:26상)
5. '나로 말미암지 않고는 아무도 아버지께로 올 자가 없느니라' (요 14:6)
6. '나를 본 자는 아버지를 보았다' (요 14:9하)
7. '창세 전에 내가 아버지와 함께 가졌던 영화로써…나를 영화롭게 하옵소서' (요 17:5)

2 그리스도의 기적

1) 요한이 다양한 기적과 증거들을 기록한 이유는 무엇인가? (요 20:30–31)

2) 요한복음에는 예수님이 행하신 7가지 기적이 나온다. 이러한 기적 역시 예수님이 하나님이심을 나타내는 표시(sign)였다. 7가지 기적을 적어보라.

(1) 요 2:1-11

(2) 요 4:46-54

(3) 요 5:1-9

(4) 요 6:1-15

(5) 요 6:16-21

(6) 요 9:1-7, 25

(7) 요 11:38-44

[예수님이 베푸신 기적들의 의미]

예수님은 사람들의 필요에 의해서 기적을 베푸셨다. 그러나 이 기적은 사람들의 필요를 채우는 목적을 가질 뿐만 아니라 예수님이 하나님이심을 보여주는 표시(sign)였다.

1. 물로 포도주를 만든 사건 (요 2:1-11)

예수님은 하인들에게 항아리에 물을 가득 채우라고 명하셨다. 그러자 하인들이 그의 말씀에 순종하였다. 구원은 항상 하나님 말씀을 통해 일어난다. 예수님이 물로 변화시킨 포도주는 신랑이 베푼 좋은 포도주보다 더 좋은 것이었다. 예수님이 주신 것은 인간이 만든 최상의 것을 초월한다(요 2:10). 사물의 질을 변화시킨 이 기적은 예수님의 창조의 능력과 그분의 영광을 드러낸다. 또한 구약에서 포도주는 메시아의 도래를 나타내는 상징으로 많이 쓰였다. 그러므로 이 기적을 통해서 그가 메시아이심을 간접적으로 선포한다. 그분은 변화시키시는 능력이 있으시며 인간에게 기쁨을 주신다.

2. 왕의 신하의 아들을 고치심 (요 4:46-54)

왕의 신하는 예수님에 관해 들었다. 그러나 듣는 것만으로는 구원받지 못한다. 왕의 신하는 예수님께 간청했다. 그것으로도 역시 부족했다. 그는 그의 아들의 병이 나았다는 예수님의 말씀을 믿었다. 이 사건은 하나님의 말씀을 믿음으로 구원을 얻는다는 사실을 그림처럼 설명해준다. 또한 이 기적은 죽음에서 살리실 수 있는 예수님의 능력을 보여주고 그분이 참 메시아이심을 나타낸다.

3. 연못가의 병자를 고치심 (요 5:1-9)

38년 된 병자는 어떤 것도 스스로 할 수 없었다. 이는 인간이 스스로를 구원하거나 구원을 얻기 위해 할 수 있는 것은 아무것도 없다는 진리를 보여준다. 주님이 이 병자를 택하여 고치신 것을 통해 구원은 은혜로 받는 것임을 말해준다. "네 자리를 들고 걸어가라"는 말씀에 병자는 믿음으로 순종했다. 믿음으로 순종했을 때만이 말씀의 능력이 발휘된다. 메시아 시대가 도래하면 '저는 자가 사슴같이 뛸 것이라'(사 35:6)고 말한 구약성경에 비추어 보면 이 사건도 메시아가 오셨음을 알리는 기적이다.

4. 5,000명을 먹이심 (요 6:1-15)

예수님은 한 소년이 가진 떡 다섯개와 물고기 두마리를 받으시고 군중들이 당면했던 필요를 넘치게 채워주셨다. 적은 양으로 수많은 사람들을 배불리 먹이신 것은 창조주 하나님이심을 드려낸다. 또한 사람이 세상이 말하는 축복, 즉 높은 지위, 명예, 부를 소유했다 할지라도 그 안에 예수님이 없으면 어느 것도 그의 진정한 갈망을 채워줄 수 없다. 예수님만이 생명의 양식으로 우리에게 영원한 만족을 주신다.

5. 물 위를 걸으심 (요 6:16-21)

캄캄한 밤에 폭풍이 일고 파도가 거친 호수에서 건너편을 향해 노를 젓던 제자들은 큰 공포에 빠졌다. 이러한 상황에서 예수님이 물 위를 걸어오신 것은 예수님이 자연을 초월한 하나님이심을 말해준다. 이 사건은 사람들이 자신의 힘으로는 도저히 해결할 수 없는 난감한 문제에 부딪쳤을 때 그리스도가 초자연적인 능력으로 그 문제를 해결해 주시는 것을 보여 준다.

6. 맹인을 고치심(요 9:1-7, 25)

태어날 때부터 맹인이 되었던 사람을 보게 하신 것은 예수님이 모든 만물과 함께 사람을 만드신 창조주 하나님이심을 보여준다. 예수님은 사람들에게 하나님을 보여주는 세상의 빛이 되신다. 빛이신 예수 그리스도를 영접할 때 드디어 영적 진리를 깨닫게 되고 성경을 이해할 수 있게 되며 자신의 생활 가운데 주님의 인도하심을 깨닫게 된다. 구약성경에 메시아가 오시면 맹인의 눈을 밝히실 것이라는 예언이 많다(사 35:5; 42:7 등). 그러므로 이 기적은 예수님이 메시아임을 보여 주는 증거이다.

7. 나사로를 죽음에서 살리심 (요 11:38-44)

이 기적이야말로 죽은 자에게 생명을 주시는 예수님이 참 메시아이심을 증명하는 결정적인 기적이다. 이것은 또한 영적으로 죽은 자들을 구원하실 그분의 사역을 상징한다. 예수님을 믿지 않는 사람은 현세나 내세에서 희망도 없고 영적으로 죽은 상태이다. 주님이 죽은 나사로를 살리신 것은 영적으로 죽은 인간에게 생명을 주시는 것을 나타낸다.

3 그리스도의 증인

1) 당신이 세상 속에서 예수 그리스도의 제자라는 것을 사람들이 알게 하려면 어떤 마음의 태도를 가져야 하겠는가? (요 13:34-35)

요 13:34-35 34새 계명을 너희에게 주노니 서로 사랑하라 내가 너희를 사랑한 것 같이 너희도 서로 사랑하라 35너희가 서로 사랑하면 이로써 모든 사람이 너희가 내 제자인 줄 알리라

2) 요한은 그리스도가 하나님 되심을 증언하는 일곱 사람을 소개한다. 그들은 누구이며 어떻게 증언하는가?

(1) 1:29-34

(2) 1:45-49

(3) 6:65-69

(4) 11:24-27

(5) 20:28

(6) 20:30-31

(7) 10:34-36

요한복음은 예수님이 하나님의 아들이심을 믿게 하려고 기록했기 때문에 요한은 여러 증인의 말을 포함시켰다. 이들은 예수님을 여러 해 동안 알았던 사람들이다. 그들의 말은 그리스도가 하나님이시라는 주장에 대한 그들의 깊은 확신과 헌신을 보여 주고 있다.

3) 요한복음 15:16, 27에 의하면, 예수님께서 세상을 떠나신 후 제자들의 역할은 무엇이었는가?

요 15:16, 27 [16]너희가 나를 택한 것이 아니요 내가 너희를 택하여 세웠나니 이는 너희로 가서 열매를 맺게 하고 또 너희 열매가 항상 있게 하여 내 이름으로 아버지께 무엇을 구하든지 다 받게 하려 함이라 [27]너희도 처음부터 나와 함께 있었으므로 증언하느니라

4 성령

1) 하나님께서는 그리스도인들이 세상에서 그리스도의 참된 증인으로 살도록 도와주실 한 분을 보내주셨다. 누구인가? (요 14:16-18)

2) 요한은 우리에게 성령에 대해 가르쳐 준다. 성령의 역사가 당신의 생활과 사역에 미치는 영향은 무엇인가?

(1) 3:5

(2) 7:38-39

(3) 14:16-19

(4) 14:26

(5) 16:7-14

3) 요한복음 14:15-31에서 우리에게 주시는 약속은 무엇인가?

적용

1. 이 과에서 당신에게 가장 의미 있는 것은 무엇인가?

2. 요한복음 15:1-8에 나오는 포도나무와 가지의 비유를 당신의 삶과 사역에 어떻게 적용할 수 있을까?

3. 요한복음 21장을 읽으라. 이 말씀이 그리스도를 섬기는 당신의 삶과 사역에 어떤 의미를 주는가?

외울 말씀 요한복음 7:37-38

명절 끝날 곧 큰 날에 예수께서 서서 외쳐 이르시되 누구든지 목마르거든 내게로 와서 마시라 나를 믿는 자는 성경에 이름과 같이 그 배에서 생수의 강이 흘러나오리라 하시니

읽을 말씀 요한복음 1장

제5과
사도행전

학 습 목 표 : 초대교회의 역동적인 설립과 그 가운데 사역했던 베드로와 바울을 통해 순종과 믿음을 배울 수 있다.

누가복음의 후속편인 사도행전은 교회의 탄생과 성장을 보여준다. 뿐만 아니라 그리스도의 주장과 약속이 유효함을 강하게 지지해 주는 신학적인 작품이다.

누가는 오순절 성령 강림의 사건을 기록함으로 교회가 자발적으로 시작되거나 성장한 것이 아니라 성령께서 그리스도인들에게 능력을 부어주셔서 교회가 시작되고 성장되었음을 강조한다.

또한 사도행전은 그리스도인들이 유대인과 이방인들에게 반대와 박해를 당한 것을 묘사한다. 그러나 이런 반대가 오히려 복음 전파에 촉진제 역할을 했음도 말해준다.

사도행전은 그리스도와 교회를 연결시키는 고리이며, 서신서를 쓰게 했던 당시의 기독교 세계를 보여준다.

1 성령의 강림하심

사도행전은 "내가 먼저 쓴 글에는 무릇 예수께서 행하시며 가르치시기를 시작하심부터 ~ 승천하신 날까지의 일을 기록하였노라"(행1:1)고 시작하면서 복음서에 이어 그 이후의 일을 다룬다. 즉, 부활하고 승천하신 그리스도가 오순절에 제자들에게 부어주신 성령을 통해 계속해서 역사하시는 것을 말하고 있다. 사도행전 1:8은 사도행전의 중심 구절이다.

1) 사도행전은 1:8의 말씀대로 성령의 인도하심을 따라 복음 전파의 장소가 확장됨을 보여준다. 아래의 장들에서는 어떤 지역에서의 전도를 다루고 있는가?

행 1:8 오직 성령이 너희에게 임하시면 너희가 권능을 받고 예루살렘과 온 유대와 사마리아와 땅 끝까지 이르러 내 증인이 되리라 하시니라

(1) 2-7장

(2) 8:1-25

(3) 8:26-40

(4) 10-28장

사도행전은 초대교회가 당시 로마제국에 복음을 전파하는 상황을 기록한 것이다. 사도행전 1:8은 이 책에서 실제로 일어나는 복음 전파를 예언적으로 요약한다. 복음은 먼저 예루살렘에서 유대인에게 전해졌고(행 2:6), 그 후에 유대와 사마리아 전역에 전파되었다(행 8:1-4). 사마리아인들은 유대인과 이방인 사이의 혼혈족으로 이들이 복음을 받아들였다는 점은 이방인 전도에 한 걸음을 내디딘 것이다(행 8:14). 하나님께서는 베드로에게 환상을 보여 주시고 환경을 조성하셔서

복음이 이방인들에게 전파되도록 하셨다(사도행전 10장, 특히 45절). 이 책의 흐름에 따라 복음을 받아들인 이방인들의 숫자가 점점 늘어감과 동시에 유대인들의 거부는 더욱 강하게 나타난다(행 13:46; 18:6; 28:25-29).

2 베드로

1) 사도행전 2:14-36; 3:11-26; 10:34-43의 내용은 베드로가 예수님을 증언했던 중요한 메시지들이다. 이 말씀에서 베드로가 예수님의 생애 가운데 가장 중요하게 강조했던 것은 무엇인가?

2) 사도행전 10장을 읽으라. 베드로가 경험한 것이 어떤 의미와 중요성을 갖는가?

사도행전의 전반부는 베드로의 사역이 중심을 이룬다. 예루살렘이 그의 활동의 중심지였으며 우선적으로 유대인에게 복음을 전했다. 고넬료를 만나면서 베드로가 이방인 전도의 문을 열게 되었다.

3 바울

1) 회심하기 전에 바울은 어떤 사람이었는가? (8:1-3; 9:1-2; 22:1-5; 26:4-12)

2) 다메섹 도상에 나타나신 예수님은 바울이 할 일에 대해 어떻게 말씀하셨는가? (9:15)

바울(사울)은 사도행전 7:58에서부터 등장하기 시작한다. 바울의 효과적인 사역의 비결은 즉시 순종함(행 9:6; 26:19)과 성령의 충만함(행 13:4)이다.

3) 바울은 구브로(13:4-12), 비시디아 안디옥(13:13-52), 이고니온(14:1-7)에서 어떤 사람들에게 먼저 복음을 전했는가?

이 첫 번째 그룹이 복음을 거부한 후 바울은 누구에게 전도했는가?

4) 바울은 유대인들에게 전도할 때는 구약성경을 인용하여 유대인들과 접촉점을 만들었다. 루스드라의 이방인들에게 복음을 전할 때는 어떤 접촉점을 사용했는가? (14:8-18)

새 신자들의 믿음을 세우기 위해 바울은 무엇을 했는가? (14:21-23)

5) 로마서 15:20은 바울의 전도 전략에 관해 한 가지 더 말하고 있다. 그것은 무엇인가?

> 롬 15:20 또 내가 그리스도의 이름을 부르는 곳에는 복음을 전하지 않기를 힘썼노니 이는 남의 터 위에 건축하지 아니하려 함이라

바울의 전도 전략

1. 바울은 안디옥, 아덴, 고린도, 에베소, 로마와 같은 문화, 상업 그리고 영향력에 있어서 중심이 되는 도시에 집중하여 전도했다.
2. 바울은 한 도시에 들어가면 가능한 한 먼저 유대인들에게 복음을 전했다. 그는 구약성경에 근거하여 예수님이 유대인들이 대망하던 바로 그 메시아라는 사실을 전했다. 그 후에 이방인들에게 복음을 선포했다.
3. 바울은 이방인들에게 전도할 때, 세계를 창조하시고 다스리시는 하나님에 대해 그들이 나면서부터 알고 있는 직관적인 지식에 호소했다. 그리고 그들에게 알려져 있던 신과 그리스도를 연관시켜 설명했다(행 17:22-34).
4. 바울은 믿는 사람들을 육성하고 그들을 위한 지역 교회를 세웠다(행 14:21-23; 16:5).
5. 바울은 믿는 사람들을 훈련하여 그리스도를 증거하게 했다(행 19:8-10; 살전 1:6-8).

바울의 전도 전략은 오늘날에도 적용할 수 있다.

우리는 직접 나가서 전도하지 않고 사람들이 교회에 오기를 기다리고 있지는 않는가? 초대 교회에서 잃어버린 영혼들에게 복음을 선포한 사람들은 누구였는가? 모든 성도들이었다(행 8:1, 4). 잃어버린 영혼들에게 전도하는 것이 목회자만의 책임은 아니다. 모든 성도들이 전도를 잘 할 수 있도록 훈련을 받아야 한다(엡 4:11-13).

4 성령의 능력 주심

1) 성령께서 어떤 방법으로 초대 교회를 강하게 하셨는지 아래에 나오는 사도행전의 말씀을 읽고 찾아보라.

(1) 1:8

(2) 4:31

(3) 2:4-8; 10:46; 19:6

행 10:45-46 [45]베드로와 함께 온 할례 받은 신자들이 이방인들에게도 성령 부어 주심으로
말미암아 놀라니 [46]이는 방언을 말하며 하나님 높임을 들음이러라

행 19:6 바울이 그들에게 안수하매 성령이 그들에게 임하시므로 방언도 하고 예언도 하니

(4) 7:54-60

(5) 10:19-20; 13:2-4

행 13:2-4 [2]주를 섬겨 금식할 때에 성령이 이르시되 내가 불러 시키는 일을 위하여 바나바와
사울을 따로 세우라 하시니 [3]이에 금식하며 기도하고 두 사람에게 안수하여 보내니라 [4]두
사람이 성령의 보내심을 받아 실루기아에 내려가 거기서 배 타고 구브로에 가서

(6) 11:28; 21:10-13

행 21:10-13 [10]여러 날 머물러 있더니 아가보라 하는 한 선지자가 유대로부터 내려와 [11]우리에게
와서 바울의 띠를 가져다가 자기 수족을 잡아매고 말하기를 성령이 말씀하시되 예루살렘에서
유대인들이 이같이 이 띠 임자를 결박하여 이방인의 손에 넘겨 주리라 하거늘 [12]우리가 그 말을
듣고 그 곳 사람들과 더불어 바울에게 예루살렘으로 올라가지 말라 권하니 [13]바울이 대답하되
여러분이 어찌하여 울어 내 마음을 상하게 하느냐 나는 주 예수의 이름을 위하여 결박 당할 뿐
아니라 예루살렘에서 죽을 것도 각오하였노라 하니

2) 바울이 아래의 장소에서 사역할 때 성령께서 그를 통해 어떻게 역사하셨는가?

(1) 구브로(13:4-12)

(2) 이고니온(14:1-3)

적용

1. 이 과에서 당신에게 가장 의미 있는 것은 무엇인가?

2. 우리는 현재 어떻게 지상명령을 성취하고 있는지 이야기해 보라.

3. 오늘날에는 성령께서 어떻게 역사하고 계신가? 현재 성령께서 당신에게 능력을 주시는 일이나 방법들은 무엇인가?

외울 말씀 사도행전 1:8
오직 성령이 너희에게 임하시면 너희가 권능을 받고 예루살렘과 온 유대와 사마리아와 땅 끝까지 이르러 내 증인이 되리라 하시니라

읽을 말씀 사도행전 2장

제6과 로마서, 고린도전후서 갈라디아서

학습 목표 : 복음의 본질을 이해할 수 있다.

신약성경 27권 중 21권은 서신서인데, 그 중 13권을 바울이 썼음이 확실하다. 하나님께서 신약성경의 많은 부분을 기록하게 하셨던 바울은 로마 시민이었고 다소라는 지역의 유대인이었으며 히브리인 중의 히브리인이었다. 그는 당시 훌륭한 스승인 가말리엘 밑에서 교육받았지만 예수 그리스도의 선교사가 되었다. 바울은 회심의 순간부터 자신의 삶을 "내게 사는 것이 그리스도니 죽는 것도 유익함이니라."고 고백하고 있다(빌 1:21).

1 로마서

로마서는 바울이 에베소에서 그의 사역을 마친 후 고린도에 가서 로마에 있는 성도들에게 쓴 편지이다. 당시 로마는 세계 문명의 중심지였고, 거대한 제국의 수도였다. 이미 그 도시에는 많은 기독교인들이 살고 있었다.

바울은 하나님께서 크신 사랑으로 죄인들에게 값없이 주신 구원에 관한 복음을 로마 성도들에게 말하고 있다. 바울의 핵심 주장은 사람이 하나님 앞에서 의롭게 되는 것은 모세의 율법이 아니라 하나님의 은혜로 된다는 것이다.

1) 로마서 1:1-3, 16-17절을 읽으라.

(1) 로마서의 주제는 무엇인가?

출 29:36-37 36매일 수송아지 하나로 속죄하기 위하여 속죄제를 드리며 또 제단을 위하여 속죄하여 깨끗하게 하고 그것에 기름을 부어 거룩하게 하라 37너는 이레 동안 제단을 위하여 속죄하여 거룩하게 하라 그리하면 지극히 거룩한 제단이 되리니 제단에 접촉하는 모든 것이 거룩하리라

(2) 그리스도의 복음은 무엇인가?

(3) 복음은 하나님에 대하여 무엇을 보여 주는가?

로마서의 개요가 그리스도의 복음의 내용 전체를 잘 설명해준다.

* 죄 용서를 베푸심: 1장-5장
* 승리의 삶을 살기 위한 능력: 6-8장
* 하나님께서 오랜 세대에 걸쳐 준비하심: 9장-11장
* 신앙생활을 위한 지침: 12장-16장

많은 사람들은 복음을 단지 그리스도인이 지옥에서 구원받아 천국 간다는 사실로만 이해한다. 그러나 복음은 그 이상의 많은 것들을 포함한다. 물론 복음은 우리가 천국에 갈 것을 보장한다. 뿐만 아니라 복음은 그리스도 안에서의 우리의 위치(6장)와 우리 마음속에 성령께서 내주하심(8장), 주님이 원하시는 삶을 이 땅에서 살 수 있음을 보장해 준다. 더 나아가서 복음은 이스라엘 나라의 미래 구원에 대해서 말하고 있다(9장-11장). 그리고 마지막으로 우리의 신앙생활에 관하여 실제적인 교훈을 준다(12장-16장).

복음을 깊이 묵상하면서 바울은 다음과 같은 찬양을 드렸다. "깊도다 하나님의 지혜와 지식의 풍성함이여, 그의 판단은 헤아리지 못할 것이며 그의 길은 찾지 못할 것이로다."(롬 11:33)

예수 그리스도의 복음은 인간의 모든 문제에 대한 하나님의 해결책이다. 거기에는 만족시킬 수 없는 궁핍이 없으며, 대답할 수 없는 질문이 하나도 없으며, 해결되지 못할 문제가 하나도 없다.

바울은 복음을 부끄러워하지 않았고, 자신을 모든 사람에게 복음을 전해야 할 빚진 자로 여겼다(롬 1:1-16).

2) 로마서 3:9-18을 읽으라. 사람은 죄를 지었고 하나님으로부터 떠나 있다.

(1) 아래 구절을 읽고 죄인에 대해서 말하는 다섯 가지 내용을 적어보라.

9절

10절

11절

17절

18절

죄(罪)란 무엇인가?

거룩하신 하나님 앞에 인간은 죄인이다. 죄는 사탄으로부터 기원하여(사 14:12-14) 아담을 통해 이 세상에 들어왔다(롬 5:12). 나아가 죄는 역사를 거쳐 인류 안에 보편적으로 퍼져있고(롬 3:23) 영적, 육적으로 죽음의 형벌을 가져왔다(창 2:17; 3:19; 롬 6:23). 그리스도의 대속의 죽음(히 9:26; 행 4:12)을 받아들이는 믿음(행 13:38-39) 외에는 전혀 죄에 대한 해결책이 없다.

죄는 다음과 같이 요약할 수 있다. 분명하게 드러난 하나님의 뜻에 저항하거나 불순종하는 것, 의롭지 못함, 하나님을 향해 반항하거나 무관심한 상태를 말한다.

(2) 율법은 우리에게 무엇을 가르쳐주는가? (롬 3:19-20)

3) 당신은 어떻게 의롭다 칭함을 받을 수 있는가? (3:21-28)

하나님은 죄에 빠진 우리를 구속하여 하나님과 올바른 관계를 갖도록 하셨다 (롬 3:24; 5:6-8; 갈 3:13).

'구속'이란 말은 '값을 치르고 구해준다'는 의미이다. 그 배경은 노예시장에서 값을 치르고 노예를 사서 자유롭게 해주는 것에서 유래되었다. 곧 죄의 노예 상태에 있는 우리를 그리스도께서 값을 치르고 사셔서 죄와 죽음으로부터 자유롭게 해주셨다.

하나님은 우리를 의롭게 하셨다(롬 3:26; 4:25-5:2; 갈 2:16).

의롭게 된다는 것은 하나님께서 예수 그리스도를 믿는 모든 사람에게 의롭다고 선언하신 것이다. 이 말은 하나님이 우리의 죄를 예수님에게 다 전가시키시고 그의 의로우심을 우리에게 돌리신 것을 뜻한다. 이것이 곧 복음이다. 하나님은 우리를 구속하시고 우리를 의롭다고 하셨다. 이는 하나님이 오직 은혜로 우리에게 베푸신 것이다. 이것이야말로 확실히 기쁜 소식이다.

4) 믿음으로 의롭게 된 이후 우리는 소망의 삶을 산다. 이 소망 가운데 당신은 영적인 삶의 자원을 어디에서 얻는가? (5:2-5)

롬 5:2-5 2또한 그로 말미암아 우리가 믿음으로 서 있는 이 은혜에 들어감을 얻었으며 하나님의 영광을 바라고 즐거워하느니라 3다만 이뿐 아니라 우리가 환난 중에도 즐거워하나니 이는 환난은 인내를, 4인내는 연단을, 연단은 소망을 이루는 줄 앎이로다 5소망이 우리를 부끄럽게 하지 아니함은 우리에게 주신 성령으로 말미암아 하나님의 사랑이 우리 마음에 부은 바 됨이니

5) 믿음으로 의롭게 된 우리는 어떻게 하나님께 진정한 영적 예배를 드릴 수 있는가?
(롬 12:1-2)

6) 영적 예배가 당신의 일상생활에서 어떤 모습으로 나타나는지 다섯 가지 정도만 적어보라(12:6-13:10).

(1)

(2)

(3)

(4)

(5)

위의 다섯 가지 중에서 당신이 우선 적용해야 될 영역은 어느 것인가?

2 고린도전서

고린도교회는 교회 내에서 일어난 몇 가지 심각한 문제들을 바울과 의논하기 위해 교회 지도자들을 에베소로 파견했다. 이를 듣고 바울이 그 문제들에 대해 편지를 썼다. 이 서신은 바울이 고린도를 떠난 지 3년 후에 쓴 것이다.

고린도전서의 주제는 그리스도인의 실제 생활에 관한 것이다.

* 그리스도인들 사이의 분열 : 1:10-17
* 신자들 사이의 소송 문제 : 6:1-7
* 도덕성 : 6:18-20
* 결혼 : 7:1-40
* 문제시 되는 의식(儀式) : 8:1-13

고린도의 성도들은 육에 속한 그리스도인, 곧 그리스도 안에서 어린 아이 상태를 벗어나지 못했기 때문에(고전 3:1-4) 생활면을 강조해야 했다.

고린도전서의 개요

* 1:1-9 인사와 감사
* 1:10-4:21 분쟁의 문제

* 5-7장 성적 부도덕의 문제
* 8-10장 우상에게 바친 음식의 문제
* 11-14장 공중 예배의 문제
* 15장 부활의 교리
* 16장 바울이 당면한 상황

1) 고린도전서 1:17-31을 읽으라. 사람들은 세상의 지혜로는 하나님을 결코 알 수 없다. 하나님은 어떤 방법으로 사람이 복음을 듣고 믿도록 정하셨는가? (18-21절)

왜 그렇게 하셨는가? (22-31절)

2) 고린도전서 9:22-24을 읽으라.

(1) 바울은 더 많은 사람에게 복음을 전하려고 어떻게 했는가? (19-22절)

(2) 바울은 이런 자신의 삶의 자세를 무엇에 비유했으며 왜 그렇게 비유했는가?

(3) 바울은 우리에게 '너희도 ~ 이와 같이 달음질하라'(24절)고 호소한다 다른 사람에게 그리스도를 전하기 위해 당신은 무엇을 포기했는가?

3) 고린도전서 13장을 읽으라. "사랑"이라는 말 대신에 당신의 이름을 넣어 4-8절을 읽어 보라. 어느 구절이 당신에게 어울리지 않는가? 하나님께서 그것에 대해서 당신이 무엇을 하기 원하신다고 생각하는가?

3 고린도후서

바울이 고린도전서를 쓰고 고린도교회를 방문했음에도 여전히 어려움이 해결되지 않았다. 특히 사도 바울의 가르침과 권위에 도전하는 '거짓 사도'들을 좇는 이들이 있었다. 이를 위해 사도 바울은 성경에는 포함되지 않은 제 3의 편지를 써서 다시 디도 편에 보냈다(2:3-4). 아마 이 편지는 그들을 심하게 책망하는 내용이었던 것 같다. 바울이 이 편지를 쓰고 마음이 편치 않아서 편지를 전달한 디도가 오기를 간절히 기다렸다(2:12-13). 마침내 고린도에서 돌아오는 디도를 바울이 마게도냐에서 만나 고린도교회 성도들이 편지의 내용을 듣고 회개하며 바울을 사모하며 열심을 낸다는 말을 듣고 위로를 얻는다(7:5-8). 바울은 이에 대한 감사와 여전히 남아 있는 중요한 문제들(거짓 교사들, 바울의 사도권에 대한 변호, 예루살렘교회를 위한 헌금 등)에 대해 교훈을 주기 위해 고린도후서를 썼다.

이 편지는 바울이 영적으로 육체적으로 매우 힘든 상태에서 다음과 같은 목적을 위해 쓰였다.

첫째, 교회의 유지

둘째, 거짓 교사(율법주의자들)에 대한 근심

셋째, 교회의 몇몇 사람들이 그를 불신하는 것에 대한 고뇌가 있었다.

고린도후서의 주제는 바울의 사도직(使道職)을 변호하는 것이다(고후 4:1-7).

고린도후서의 개요

* 1-7장 바울의 사역의 특징들
* 8-9장 예루살렘 성도들을 위한 헌금
* 10-13장 바울의 사역의 변호

1) 고린도후서 4:1-6을 읽으라. 바울이 하나님의 말씀을 다루는데 신중했다는 점을 주목하라.

(1) 바울은 그리스도의 복음을 어떻게 전했는가? (2절)

(2) 하나님은 왜 우리 마음속에 빛을 비춰주실까? (6절)

2) 바울은 자신의 사역을 무엇에 비유했으며 무엇을 두려워했는가? (고후 11:3)

3) 고린도후서 12:1-10을 읽으라. 바울은 '육체의 가시'(몸의 연약함)를 제거해 달라고 기도했다.

(1) 바울의 기도에 대한 주님의 응답은 무엇이었는가? (고후 12:9)

(2) 하나님의 응답에 대한 바울의 태도는 어떠했는가? (고후 12:10)

(3) 당신은 바울의 경험에서 무엇을 배울 수 있는가?

3 갈라디아서

바울이 갈라디아 지방에 복음을 전하고 떠난 후에 유대인 교사들이 갈라디아에 와서 모세의 율법을 지키지 않으면 그리스도인이 될 수 없다고 주장했다. 이에 대해 바울은 자신의 복음이 그리스도께 계시로 받은 것임을 변호하면서 오직 믿음으로 구원받는다는 은혜의 복음을 지키고자 했다.

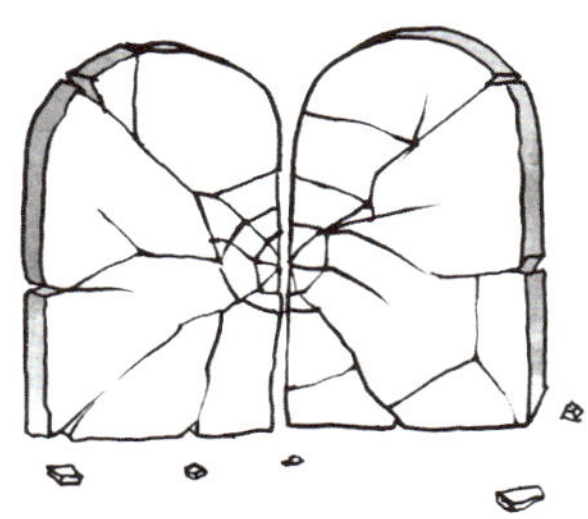

갈라디아서의 주제는 우리가 구원을 받은 것은 은혜로 된 것이며 율법은 여기에 아무 상관이 없다는 것이다. 우리가 구원을 받기 위해 해야 할 일은 아무것도 없다. 모든 것이 하나님의 은혜로 된 것이다(갈 3:1-3, 10-11; 4:9-10; 5:1-7).

은혜란 무엇인가?

은혜는 죄 많은 인간에게 하나님이 무조건적인 사랑으로 값없이 구원을 베푸신 것을 말한다. 구원은 율법을 행함으로 얻을 수 없다. 우리의 노력으로 얻을 수 있는 것이 아니다. 은혜는 하나님께서 아무런 조건 없이 구원을 선물로 주신 것이다. 우리는 믿음으로 구원의 선물을 받아들이므로 은혜를 누릴 수 있다. 은혜가 그 효력을 발휘할 수 있는 길은 믿음뿐이다(엡 2:8-17).

갈라디아 사람들은 복음 위에 모세의 율법을 더하는 실수를 범했다. 그들은 구원 받기 위해 할례와 같은 율법을 지켜야 한다고 믿었다. 오늘날 많은 그리스도인들도 오직 은혜로만 구원받는다는 사실을 알고 있지만, 그리스도인이 된 후 신앙생활을 할 때는 자신의 노력으로 선행을 쌓으려는 잘못을 저지르고 있다. 갈라디아서 3:1-5에서 바울은 이러한 잘못에 대해 말한다.

갈라디아서의 개요 : 은혜의 복음

* 1-2장 바울의 사도적 권위
* 3-4장 은혜와 율법의 대조
* 5-6장 실제 생활의 열매

1) 바울은 자신이 전한 복음 외에 다른 복음은 있을 수 없다는 것을 어디에 근거를 두고 확증하는가? (갈 1:11-12)

2) 바울은 믿음으로 그리스도인이 된 자신의 삶을 어떻게 표현하는가? (갈 2:20)

이것이 그의 일상생활에서 어떻게 나타나는가?

3) 갈라디아서 5:16-21을 읽으라. 이 구절에서 바울은 육체의 일들을 적어 놓았다. 그리스도인으로서 우리는 이 육체의 일을 어떻게 피할 수 있는가? (갈 5:16)

은혜는 자신의 힘으로 도덕적인 생활을 하려는 노력을 포기하고 그리스도께서 우리 안에 그리고 우리를 통하여 사신다는 확신의 태도를 갖게한다. 갈라디아서 2:20과 갈라디아서 5:16은 갈라디아서의 핵심 구절들이다. 이 구절들은 우리의 책임은 성령님에 의해 그리스도께서 우리를 통해 사시도록 맡기는 것임을 강조한다. 여기에 승리의 비결이 있다. 하나님을 기쁘시게 하려는 우리 자신의 방법과 노력을 포기하고, 믿음으로 하나님께서 우리를 통해 사시도록 주님께 우리를 맡겨야 한다.

복음에 대한 참고 성구들

1. 복음의 근거 : 갈라디아서 1:11-12
2. 복음의 기본 내용 : 고린도전서 15:1-8
3. 다른 복음을 전하는 사람들에 대한 바울의 태도 : 갈라디아서 1:6-9
4. 복음에 대한 여러 가지 반응 : 고린도전서 1:17-23
5. 사람들이 복음을 알지 못하는 이유 : 고린도후서 4:3-4
6. 사람들에게 복음을 전하는 바울의 태도 : 로마서 1:14-17

적용

1. 이 과에서 당신에게 가장 의미 있는 것은 무엇인가?

2. 갈라디아서 5:16-23은 육체의 욕망을 따르는 삶과 성령을 따르는 삶의 결과를 보여 준다. 현재 당신이 성령의 지배에 맡겨야 하는 가장 우선되는 육체의 일은 무엇인가? 당신의 생활 가운데서 가장 강화되게 하시는 성령의 열매는 무엇인가?

3. 당신의 생활이나 사역을 위해 바울의 태도 중 가장 배우고 싶은 것은 무엇인가? 당신은 그것을 어떻게 자신의 것으로 만들겠는가?

외울 말씀 로마서 1:16
내가 복음을 부끄러워하지 아니하노니 이 복음은 모든 믿는 자에게 구원을 주시는 하나님의 능력이 됨이라 먼저는 유대인에게요 그리고 헬라인에게로다

읽을 말씀 갈라디아서

제7과

옥중서신, 데살로니가전후서 목회서신

학 습 목 표 : 이 서신들을 통해 사도 바울의 참된 영성을 배울 수 있다.

어떤 교회가 목사를 청빙하게 되었다. 한 장로가 교인들이 어떤 목사를 원하는지 알고 싶어서 아래의 글을 지원서처럼 제직위원들 앞에서 읽었다.

"제직 위원 여러분, 목사를 청빙한다는 소식을 듣고, 지원서를 보냅니다. 저는 여러분들이 인정할 만한 자격을 갖추었다고 생각합니다. 설교도 잘 할 수 있고, 저술가로도 이미 성공을 했습니다. 사람들로부터 교회 경영을 잘 한다는 말도 듣습니다. 저는 여러 지역에서 지도자의 역할을 감당했지만 저에게 적대적인 사람들도 있었습니다.

저는 한 곳에서 3년 이상을 사역한 적이 없습니다. 어떤 곳에서는 제가 복음을 전하는 것 때문에 폭동과 혼란이 일어나 그 마을을 떠난 적도 있습니다. 세 번이나 감옥에 들어간 적도 있고, 일은 잘할 수 있지만 제 건강이 그리 좋은 편이 아닙니다. 생계를 유지하기 위해 저는 부업을 해야만 했습니다. 제가 목회했던 교회들은 큰 도시에 있기는 하지만 매우 작은 교회들이었습니다.

복음에 대한 잘못된 견해를 가진 다른 지도자들을 공개적으로 비판하기도 했습니다. 어떤 사람들은 저를 협박하여 법정에 끌고 갔고, 저는 고문을 당하기도 했습니다. 여러분들이 저를 초청하신다면 최선을 다해 보겠습니다."

그 장로는 제직회에서 이 편지를 읽어 주고 의견을 물었다. 제직 위원들은 모두 그 지원자를 청빙하고 싶어 하지 않았다. 그들은 건강하지 못하고 다투기 좋아하며, 문제를 일으키고 심지어 전과자였던 이 목사에게 관심이 없었다. 제직 위원들이 그 주제 넘는 지원자의 이름을 물었을 때, 장로는 그가 사도 바울이라고 대답했다.

이 이야기는 요즘 그리스도인들이 사람을 외적인 기준으로 판단하며 참된 영성에 대해서는 별 관심이 없다는 것을 잘 보여 준다. 바울에게서 우리는 참된 영성을 발견할 수 있다. 이 과는 바울의 삶에 대한 흥미 있는 사실들을 알려 준다.

에베소서, 빌립보서, 골로새서, 빌레몬서는 사도행전 28장에서 언급된 대로 바울이 처음 감옥에 갇혔을 때 쓴 편지들이며 **옥중서신**이라고 부른다.

바울은 **에베소**에 있는 신자들의 믿음을 격려하기 위해 편지를 썼는데, 이 서신은 그리스도의 몸인 교회의 특성과 목적을 설명한다.

빌립보서에서 바울은 오직 예수 그리스도에게서만 오는 참된 기쁨을 강조한다. 그는 겸손, 자기희생, 연합과 그리스도인의 생활이라는 주제들에 대해 기록했다.

골로새서에서 바울은 그리스도를 육체로 오신 하나님, 모든 창조물의 주, 그리고 교회의 머리로 소개한다. 바울은 또한 율법주의를 선동하는 거짓된 교사들의 문제를 제기한다.

빌레몬서에서 바울은 주인의 물건을 훔쳐서 도망간 빌레몬의 종 오네시모를 용서해 주도록 권면한다. 이 편지에서 바울은 믿는 자들이 어떤 상황에 있든지 그리스도인의 사랑과 교제로 다른 사람들을 대하라고 권면하고 있다.

데살로니가서에서 바울은 데살로니가의 신자들이 그리스도의 재림을 확신하도록 돕고, 부활과 그리스도의 재림의 시기에 대한 그들의 오해들을 바로 잡아 준다. 또한 박해 중에서 담대할 것과 그리스도의 오심을 준비할 것에 초점을 맞추고 있다.

바울은 첫 선교여행 때부터 항상 동역자들과 함께 다녔다. 목회서신인 디모데전후서와 디도서는 바울이 세운 교회들이 잘 성장하도록 돕고 있는 사람들에게 쓴 편지이다.

디모데는 젊은 지도자였으며 에베소 교회의 장로였다. **디모데전서**는 교회 행정과 치리의 지침서이다.

디모데후서에서 바울은 디모데에게 반대와 핍박에 직면하여 담대하고 올바른 교리에 충실하며 인내와 충성을 다하도록 격려했다.

그리스인 회심자 디도는 그레데에 있는 교회에서 바울을 대신하여 사역했다. **디도서**는 이 교회들을 조직하고 감독하는 방법을 말하고 있다.

1 옥중서신

1) 에베소서

이 편지의 목적은 이방인들도 유대인과 동등한 위치에서 구원의 축복을 받는다는 것을 알리는 것이다(엡 2:19-22; 3:6).

(1) 이전에 이방인들이 구원을 받는 것에 대한 견해는 어떠했는가? (2:11-12)

(2) 어떤 사건을 통해서 구원의 복이 모든 사람에게 가능하게 되었는가? (2:13-18)

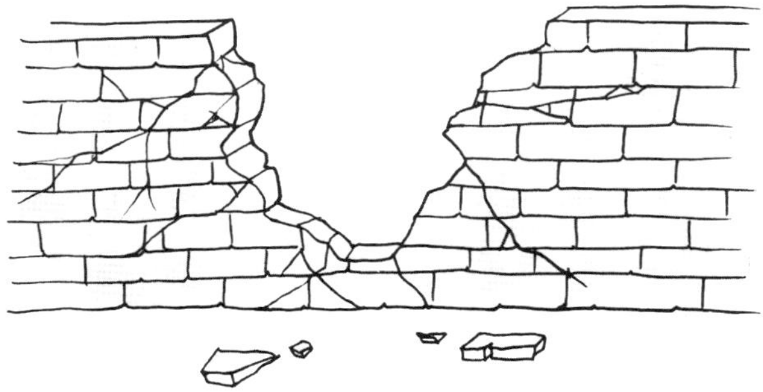

(3) 에베소서 3:14-19에 나오는 바울의 기도에서 그리스도인들이 누릴 수 있는 구원의 복을 적어보라.

(4) 다른 사람들을 격려하기 위해 이 사실을 어떻게 활용할 수 있겠는가?

하나님이 이미 주신 구원을 잘 모르는 사람들이 위의 내용이 실제가 될 수 있다는 것을 알게 되면 크게 격려를 받을 것이다.

바울은 그의 서신들에서 자신의 영적 생활을 흥미 있게 보여 준다. 에베소서에 기록된 바울의 두 가지 기도는 불멸의 기념비적인 것이다.

바울은 성도들에게 영적인 복이나 물질적인 복을 달라고 기도하지 않았다. 다만 성도들이 이미 소유하고 있는 영적인 복을 깨닫게 해달라고 기도했다.

에베소서 1:18 – '너희 마음의 눈을 밝히사'
에베소서 3:18, 19 – 곧 그들이 '깨달아' 알도록 기도했다. 이 내용은 에베소서 1:3과 일치한다.

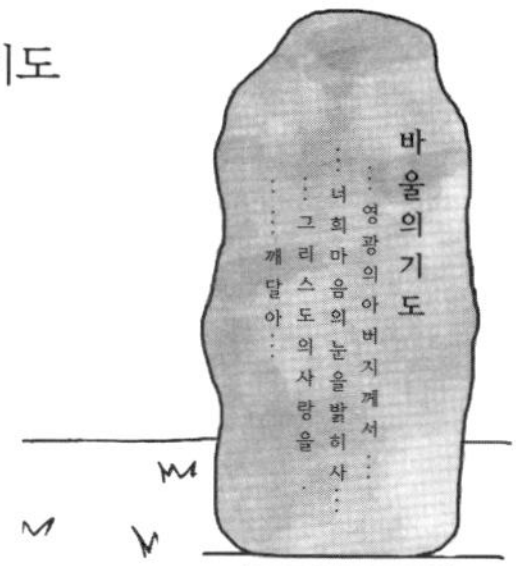

우리는 그리스도 안에서 우리에게 필요한 모든 것을 이미 가지고 있다. 우리가 할 일은 단지 그것들을 깨닫고 활용하는 일이다. 물질적인 것을 위해 기도하는 것이 잘못된 것은 아니다. 특히 그 물질적인 부(富)가 영적인 부유함에 영향을 줄 때는 더욱 그렇다. 그러나 우리의 관심은 항상 영적인 것이어야 한다.

2) 빌립보서

바울이 감옥에서 빌립보 교회에 쓴 편지인 빌립보서는 기쁨과 복음이라는 두 개의 주제를 다룬다. 그는 빌립보의 성도들이 복음 안에 있는 것을 기뻐했고, 자신이 감옥에 갇혔어도 복음이 확장되는 것을 기뻐했다. 석방되면 그들을 도울 수 있으리라는 기대로 기뻐했고, 그들의 재정 후원을 기뻐했다. 또한 빌립보의 성도들이 다른 사람을 더 낫게 여김으로 복음을 위한 일에 하나가 되고, 복음을 방해하는 사람들을 두려워하지 말고 복음에 합당한 생활을 하라고 권면했다.

(1) 빌립보서 1:12-30을 읽으라. 바울은 빌립보 교회 성도들이 복음을 담대하게 전하도록 격려하기 위해 로마에서 무슨 일을 했는가? (1:13-14)

(2) 미래에 대한 바울의 태도는 빌립보 교인들이 그리스도를 위해 두려움 없이 서도록 격려하는데 어떻게 도움이 되었는가? (1:18-26)

(3) 빌립보 성도들이 보내 준 선물에 대해 바울이 기뻐했던 주된 이유는 무엇인가? (4:10-19)

성도들이 최근에 당신에게 주었던 선물들(영적 그리고 물질적)에 대해 하나님께 감사하라.

바울은 로마에 갇혀 있는 죄수였다. 자신의 잘못 때문에 당연히 벌을 받아야 할 때라도 그것을 기쁘게 여기는 죄수는 한 사람도 없다. 그러나 바울은 부당하게 벌을 받고도 기뻐하였다. 그 이유는 무엇이었을까? 그의 관심의 초점은 그리스도이며 그리스도를 위해 당한 일이기 때문이다. 그에게 있어서의 '삶'은 곧 그리스도였기에 자신의 불행도 그를 막지 못했다.

바울을 좌절시킬 수도 있었던 다음의 일들을 생각해보라.

(1) 그는 부당하게 감옥에 갇혔다.

(2) 그는 여러 번 감옥에 갇혔다(처음에는 예루살렘에서).

(3) 그는 그리스도인이라고 주장하는 이들로부터 반대를 당했다.

(4) 그는 자기 동족으로부터 거부당했다.

(5) 그는 아마 외로웠을 것이며 대부분의 시간들을 무기력하게 보낼 수밖에 없었을 것이다.

(6) 그는 낯선 대도시에 있었다.

(7) 그는 자신의 장래가 불분명했다.

(8) 그는 다른 이들로부터 동정을 받아야 할 처지였다.

위와 같은 이유들은 연약한 그리스도인을 자기 연민에 빠지게 하여 전혀 전도할 수 없도록 만들 수도 있다. 그러나 바울은 이러한 모든 조건들을 새로운 곳에서 복음을 전할 수 있는 열린 문으로 여겼다.

3) 골로새서

바울은 골로새 교회를 방문한 적이 없었지만 그곳에서 그릇된 가르침이 확산되고 있다는 소식을 로마에서 들었다. 그는 모든 이방인들을 위한 사도였으므로 이 교회에 경고의 글을 써야 할 필요성을 느껴서 골로새서를 썼다. 사도 바울은 그것을 정정하기 전에 먼저 그리스도가 왜 최고인지 설명한다. 예수 그리스도는 창조주이신 하나님이시고 교회의 머리이시며 만물을 십자가의 피로 하나님과 화목하게 하는 분이시다. 바울은 예수 그리스도 외의 잘못된 다른 교훈을 따르지 말라고 경계하고 있다. 잘못된 교훈은 사람의 전통(절기, 초하루, 안식일을 지키는 것과 먹고 마시는 것에 관한 규범)과 세상 초등학문(금욕주의, 천사숭배)을 따르는 철학과 헛된 속임수를 말한다.

(1) 바울은 예수 그리스도 외에 하나님께 나아가는 다른 길을 찾는 것이 불필요하다고 말한다. 이렇게 말하는 이유를 세 가지 이상 들어 보라(골 1:12-22).

(2) 예수 그리스도 한분으로 충분하기 때문에 그리스도인은 어떻게 해야 하는가? (2:6-7)

(3) 예수 그리스도와 함께 살리심을 받은 자들은 어떻게 살아야 하는가? (3:1-11)

(4) 당신의 생활에서 발견되는 '새롭게 된' 증거는 무엇인가?

(5) 당신이 삶 속에 아직도 남아 있는 옛 사람의 행위에는 어떤 것들이 있는가?

4) 빌레몬서

로마 감옥에 있을 때, 바울은 도망한 노예인 오네시모를 하나님께로 인도했다. 그는 그 노예의 주인이 골로새에 살고 있는 자기 친구 빌레몬이라는 것을 알게 되었다. 그 시대에는 도주한 노예는 사형이나 가혹한 처벌을 받았다. 바울은 빌레몬에게 편지를 써서 오네시모가 한 일을 용서하고 그리스도인 형제로 받아들일 것을 권했다.

이 서신서는 그리스도가 모든 인간관계를 선한 관계로 변화시키시는 좋은 예를 보여 준다.

(1) 바울이 빌레몬에게 사랑으로 오네시모를 받아들이라고 권한 이유를 세 가지 이상 자신의 말로 써 보라.

①

②

③

(2) 당신으로부터 이러한 용서를 필요로 하는 사람이 누구라고 생각하는가?

2 데살로니가전후서

바울이 첫 번째 쓴 편지는 마게도냐 지역의 데살로니가에 세운 교회에게 쓴 것이다. 박해 때문에 급히 데살로니가를 떠난(행 17:10) 바울은 곧바로 고린도에서 이 편지들을 써서 보냈다(행 18:1–18).

1) 데살로니가전서

바울은 자신이 데살로니가에서 복음을 전한 이유가 다른 목적이 아니라 그들을 자신의 자녀처럼 목숨보다 더 사랑하였기 때문이라고 말하고 자신과 같이 그리스도 때문에 박해받는 신자들에게 믿음에 굳게 서 있으라고 권면한다. 그리고 그리스도를 믿다가 먼저 세상을 떠난 이들의 가족들에게 그들이 먼저 부활할 것이라 위로하고 또한 서로 위로하라고 격려한다.

(1) 데살로니가 교인들의 회심이 주변 지역의 그리스도인들에게 어떠한 영향을 끼쳤는가? (1:7-10)

(2) 바울에게 복음을 들은 데살로니가 성도들의 삶이 변하도록 바울은 어떻게 모범을 보였는가? (1:5-6)

'그 아버지의 그 아들'이란 말이 있다. 우리는 사람들을 그리스도께로 인도하려고 아주 열심히 전도한다. 그러나 어떤 이는 전도의 중요성을 강조하다가 그리스도인의 인격을 소홀히 여기는 경우가 있다. 항상 전도하여 많은 '열매'를 거두었으나 그리스도의 성품을 닮지도 않고, 하나님을 영화롭게 하지도 못하며, 새 신자들을 좌절시키는 생활을 하는 사람들이 있다. 그의 영적 자녀들은 대부분 영적 아버지를 닮아 불건전하고 영적인 기형아로 자랄 수 있다.

(3) 사도바울이 하나님과 사람들 앞에 진실했다는 것을 알 수 있는 두 가지 증거는 무엇인가? (2:1-10)

①

②

(4) 바울처럼 본을 보이는 자질을 갖춘 사람들을 생각해보라. 그 사람의 예에서 당신은 무엇을 배울 수 있는가?

그리스도인의 인격과 대치할 만한 것은 아무것도 없다. 이 점이 바울이 성공한 이유이다. 데살로니가전서 2:1-10에 나타난 그의 인격의 특성들은 다음과 같다.

(1) 담대함

(2) 성실함

(3) 하나님을 기쁘시게 함

(4) 사람을 기쁘게 하려고 하지 않음

(5) 온화함(거칠지 않고 논쟁하지 않으며 친절함)

(6) 새 신자를 향한 사랑

(7) 열심히 일함

(8) 거룩함과 의로움

(9) 결백함 등이다.

2) 데살로니가후서

바울의 첫 번째 편지를 받은 후 데살로니가 성도들에게는 그리스도께서 재림하실 때의 상황에 대한 의문이 생겨났다. 그들은 그리스도로 인해 부당한 고통과 박해를 견뎌야 했기 때문에 힘들어 했다(살후 1:3-12). 어떤 사람들은 그리스도께서 어느 때라도 곧 재림하실 것이라고 생각했기 때문에 자신의 일에 태만했다.

(1) 박해에 대한 그리스도인의 자세는 어떠해야 한다고 생각하는가? (살후 1:3-12)

(2) 일에 대한 그리스도인의 자세는 어떠해야 하는가? (3:6-15)

(3) 이것을 당신의 생활에 어떻게 적용할 수 있겠는가?

3 목회서신

이 편지들은 바울이 처음 로마감옥에 갇혔던 A.D. 60~62년(행 28장)과 네로황제 때 순교했던 A.D. 66년 사이에 쓴 것이다. 바울은 에베소교회에서 사역하던 디모데를 위해 디모데전후서를 썼다. 디도서는 그레데 섬에서 일했던 바울의 동역자인 디도에게 쓴 것이다.

1) 디모데전서

디모데전서 6장을 읽으라.

(1) 인생에서 만족을 얻기 위해 필요한 것은 무엇인가? (딤전 6:6-12)

(2) 부유함을 추구하는 자들이 직면하게 되는 큰 위험은 어떤 것인가? (9-12절)

(3) 부유한 그리스도인들은 돈에 대해 어떠한 태도를 취해야 하는가? (17-19절)

(4) 돈에 대한 당신의 철학은 무엇인지 이야기해 보라.

2) 디모데후서

디모데후서는 바울이 순교하기 직전에 쓴 것이다. 그는 이 서신을 디모데에게 주는 유언처럼 썼다.

(1) 바울이 디모데에게 준 마지막 명령은 무엇이었는가? (4:1-5)

(2) 바울이 죽은 후에도 디모데가 부르심에 충성스럽도록 도움을 주는 두 가지는 무엇인가? (3:10-11, 14-17)

①

②

3) 디도서

로마감옥에 처음 투옥된 후에 바울은 디도를 격려하고 반대를 받는 상황에서도 계속 능력 있게 사역하도록 하기 위해 이 편지를 썼다. 바울은 사람들이 '온전한 믿음'과 '바른 교훈'을 고수하도록 권고하라고 디도에게 가르쳤다.

(1) 그리스도인이 자기가 살고 있는 불신의 세계에서 조심해야 할 것들은 무엇인가? (딛 3:1-2)

(2) 1-2절 말씀을 당신 생활 가운데 어떻게 적용할 수 있겠는가?

(3) 바울이 그리스도인에게 이렇게 살아가라고 한 이유는 무엇인가? (3:3-7)

외울 말씀 골로새서 2:6-7

그러므로 너희가 그리스도 예수를 주로 받았으니 그 안에서 행하되 그 안에 뿌리를 박으며 세움을 받아 교훈을 받은 대로 믿음에 굳게 서서 감사함을 넘치게 하라

읽을 말씀 에베소서

제8과

일반서신

학 습 목 표 : 복음에 대한 확대된 정의를 알 수 있다.

일반서신이란 말로 신약의 마지막 여덟 권의 서신들을 특징짓기에는 불완전하다. 하지만 대부분 특정한 교회에게 보내진 바울 서신들과는 달리, 이 서신들은 넓은 지역에 있는 여러 교회들에 속한 그리스도인들을 대상으로 썼기 때문에(히브리서와 요한일서, 요한이서, 요한삼서는 예외) '일반서신'이라고 부른다.

히브리서를 제외하고 나머지 서신들은 보낸 사람의 이름이 서신의 제목이 되었다.

> 히브리서, 야고보서, 베드로전후서, 요한일서, 요한이서, 요한삼서, 유다서는 바울 서신들과 다른 점이 있지만 모순되지는 않는다. 차이가 있다면 그것은 내용이 좀 더 확장되고 진전됐다는 점뿐이다. 기록된 성경은 모두 하나같이 그리스도를 통한 구원과 높은 수준의 도덕성을 제시하고 있다. 이 서신의 저자들이 복음의 기본적이고 근본적인 것을 다루었다면, 바울은 하나님의 계획과 그 안에서의 교회의 역할, 성도로의 부르심과 소망, 즉 그리스도와 하나되어 영원한 생명을 얻는 것에 대해 썼다.

바울 서신은 구원받은 진실한 성도들, 즉 이 땅의 교회의 일원이며 제사장으로 부르심을 받은 성도들에게 초점을 맞추고 있다. 그러나 일반서신의 저자들은 알곡과 가라지가 함께 섞여 있는 교회에 초점을 맞추었다(마 13:24-30).

이 서신들은 자칭 그리스도인이라고 하는 종교인들을 경고하고 있다. 이들은 율법을 강조하지만 예수 그리스도의 복음을 진실로 받아들이지 않았고 그리스도께 자신을 삶을 드리지 않았다.

1 히브리서

초대교회는 이 서신의 수신인이 본래 유대 그리스도인들이었음으로 이 책을 '히브리서'라고 불렀다. 이들은 예수님의 12제자들의 설교(히 2:3)를 통해서 회심했으며 초기에는 모범적인 그리스도인들이었다. 이들은 다른 그리스도인들의 궁핍한 것을 도와주었고(히 6:10), 그리스도의 이름 때문에 즐거이 박해를 받았고 재산의 손실도 감수했다(히 10:32-34).

그러나 이 편지를 쓸 당시에는 그들을 처음 가르쳤던 교사들과 지도자들이 죽은 뒤였으며(히 13:7), 그들이 그리스도에 대한 믿음에서 떠나 다시 유대주의로 되돌아가려는 상황에 있었다(13:9-14). 히브리서 기자는 초대 교회에서 유명한 지도자였음이 틀림없지만 누구인지는 알려지지 않았다. 바울이 히브리서를 썼다고 말하는 사람들도 있지만 확정할 수는 없다.

그들이 유대주의로 돌아가려고 했던 이유 중의 하나는 1세기의 로마 정부가 유대교의 예배는 허용했지만 기독교는 위법 종교로 간주했기 때문이다. 히브리서 기자는 독자들에게 그들이 피를 흘리는 희생을 감수하더라도 그리스도에게 충실할 것을 권했다(히 12:3-4).

히브리서의 핵심 요절은 **히브리서 10:19-25**이다.

19-20절에서는 예수 그리스도가 궁극적인 '새로운 생명의 길'이라고 말한다. 이것은 히브리서 4:14-10:18의 내용을 요약한 것이다. **21절**에서는 예수님이 마지막 대제사장이라고 말하는데 이것은 히브리서 1:1-4:13의 논지이다.

예수 그리스도가 궁극적이고 최종적이며 완전한 구원의 길이 되시므로 독자들과 모든 그리스도인들은 히브리서 **10:22-25**의 명령에 순종해야 함을 강조한다.

히브리서는 그들이 박해 때문에 다시 돌아가려는 유대교의 모든 것보다 예수 그리스도가 훨씬 뛰어난 분이심을 보이고 있다. 유대교를 이루고 있는 중요 요소들인 선지자들, 천사들, 모세와 율법, 희생 제물과 대제사장들보다 훨씬 뛰어난 분이시며, 율법과 속죄를 위한 제사와 제사장은 온 인류의 죄를 담당하여 영원한 구원을 이루신 그리스도의 그림자에 불과하다는 것을 보임으로 박해 속에서도 믿음을 굳게 지켜나가라고 권면한다.

히브리서에 나타난 주요 교리

* 인간과 그리스도와의 연합 : 2장
* 그리스도인의 믿음의 안식 : 4장
* 구약 율법보다 더 나은 새 언약 : 8, 10장
* 구약의 위대한 믿음의 영웅들 : 11장

1) 히브리서 10:22-25에 의하면 그리스도인이 행해야 할 네 가지는 무엇인가?

(1)

(2)

(3)

(4)

2) 이러한 명령을 지지하기 위해 히브리서 기자가 사용한 두 가지 논거를 당신 자신의 말로 요약하라.

(1) 10:26-31

(2) 10:32-34

3) 서신서의 저자는 박해 가운데서도 그리스도께 충실하기 위해 어떤 자세를 가지라고 하는가? (10:35-39)

4) 구약의 신자들은 필요한 이런 자세를 어떻게 얻게 되었는가? (11:1-39)

히브리서는 믿음으로 우리가 얻게 된 자격을 설명하고 그것에 대해 확신하라고 한다(히 10:19-25).

1. 믿음으로 얻은 지위
   (1) 우리는 아버지께로 갈 수 있는 온전한 길이신 그리스도 안에 거하고 있다.
   (2) 이 지위로 인해 두려움 없이 담대하게 하나님께 나아갈 수 있다.
   (3) 그리스도의 피는 죄를 깨끗케 하시고 용서해 주신다.

2. 믿음의 확신
   (1) 하나님 앞에서 대제사장이신 그리스도를 통한 죄 사함을 확신할 수 있다.
   (2) 신실하신 하나님은 반드시 약속을 지키신다.

5) 구약에 나오는 신앙인들이 살았던 삶을 볼 때 당신은 무엇을 해야 하는가? (히 12:1-4)

2 야고보서

이 서신의 저자는 초대교회에서 유명한 인물이었던(행 15:13) 예수님의 동생 야고보이다. 당시 야고보는 흔한 이름이었기 때문에 유명하지 않은 사람이 자기를 소개할 때는 더 잘 알 수 있도록 출신지나 부모 또는 형제의 이름을 덧붙였다. 그러나 초대교회의 뛰어난 지도자였던 야고보는 이런 설명이 필요 없었다.

야고보는 말뿐인 믿음과 비교하여, 마음과 생활 속에서 참된 믿음을 나타내는 특징들을 그리스도인들에게 상기시키고, 그리스도를 위해 고통을 당할 때에도 어떻게 기뻐할 수 있는지를 분명하게 말해 준다.

야고보서의 주요 교리

* 시련의 가치
* 분별력
* 믿음과 행위의 대조
* 혀의 사용(말조심)
* 세속적인 마음
* 불의한 부자들에 대한 경고
* 그리스도를 믿는 성도들의 행동 지침

1) 그리스도인은 왜 어려운 상황을 만나도 기뻐해야 하는가? (약 1:2-4, 12)

2) 그리스도인은 어려운 시련을 당할 때 어떻게 해야 하는가? (1:5-8)

3) 그리스도인들이 시험을 받을 때 항상 기억해야 할 두 가지는 무엇인가?

(1) 1:13-16

(2) 1:17-18

4) 성경을 통해서 하나님께서 말씀하시는 것을 듣는 것만으로 충분하지 않다. 그리스도인에게 더욱 강조되어야 할 것은 무엇인가? (1:21-25)

우리는 그리스도인이라고 말만 하지 말고 어떻게 해야 되는가? (1:26-27)

야고보서는 내적 신앙의 증거가 되는 외적인 선행을 강조한다.

그리스도인의 행실을 강조하는 구절들

* 2:1-4 편견

* 3:10-12 대화와 혀

* 4:6, 17 겸손과 선행

5) 야고보서 5장을 읽고 이번 주에 당신의 삶에 적용할 몇 가지 명령을 적으라.

3 베드로전후서

1) 베드로전서

베드로전서는 소아시아(현재 터키)에 흩어져 있는 여러 교회에 쓴 편지이다. 야고보서와 같이 베드로전서의 목적은 로마제국의 무서운 박해 속에서도 그리스도인들이 믿음에 굳건히 설 수 있도록 돕는 것이다.

베드로는 그의 독자들이 소유한 구원의 경이로움을 언급함으로 편지를 시작한다(1:3-12). 그리고 삶의 모든 영역에서 성실하게 살아가며 고난 가운데서도 그리스도를 본받아 겸손히 순종하라고 권한다.

베드로가 살던 당시에 교회는 큰 박해를 받았으며, 많은 그리스도인들이 네로 황제의 원형극장에서 순교했다. 네로 황제의 박해는 그리스도인들에 대한 박해의 정당성을 부여했다. 요한복음 21:18에서 예수님이 말씀하신 대로 베드로는 순교를 당했다고 전해진다.

베드로전서에 나타난 교리

* 그리스도인의 썩지 않을 유업
* 성도들의 삶 (지도자들, 정부, 가족들에 대한 그리스도인의 태도)
* 불같은 시험
* 인내와 시련에 대한 보상

(1) 베드로가 우리에게 주는 다섯 가지 권면을 적어보라. (벧전 1:13-2:3)

① 1:13

② 1:14-16

③ 1:17-21

④ 1:22-25

⑤ 2:1-3

(2) 그리스도인들이 하나님을 믿고 이 권면을 지키며 살아가면 어떤 결과가 있는가? (벧전 2:4-10)

그리스도로 인해 변화된 우리의 삶

(1) 죄에 대하여 죽고 의에 대하여 살게 하심 (벧전 2:24)

(2) 그리스도의 내주하심으로 점차 성화되어 감 (벧전 3:17)

(3) 하나님의 뜻 안에서 살게 함 (벧전 4:2)

(4) 가족 관계의 변화 (벧전 3:1-7)

(3) 베드로전서의 핵심구절은 2:9-10이다. 그리스도인의 생활은 단순히 구원의 영광을 즐기는 데 있는 것이 아니다. 믿지 않는 자들에게 구원의 은총을 간증하는 영광을 누리는 것이다.

① 그리스도인들은 삶속에서 주변 사람들에게 어떻게 전도해야 하는가? (벧전 2:11-12)

② 정부와의 관계에 있어서 그리스도인은 어떻게 그리스도께 영광을 돌릴 수 있는가? (벧전 2:13-17)

③ 고용주와의 관계에 있어서 그리스도인은 어떻게 그리스도께 영광을 돌릴 수 있는가? (벧전 2:18-25)

④ 그리스도인 아내가 믿지 않는 남편에게 가장 효과적으로 그리스도를 전도할 방법은 무엇인가? (벧전 3:1-6)

⑤ 그리스도인 남편은 어떠한가? (벧전 3:7)

2) 베드로후서

디모데후서가 순교 전 바울의 마지막 유언을 기록한 것처럼 베드로후서도 베드로의 순교 전 마지막 메시지이다(1:14. 참조 요 21:19). 이 서신서는 베드로전서의 주제의 연속이다. 베드로전서가 기록되었을 때 그의 독자들에게 시작되었던 고난들이 계속되었다. 베드로후서의 목적은 그의 독자들이 끝까지 신실하게 견디라고 권면하는 것이다.

베드로후서는 베드로전서와 같은 독자들에게 보낸 두 번째 글이다. 두 번째 편지를 보낸 목적은 당시 활동 중이던 배교자에 대해 경고하기 위함이었다.

믿음을 지키는 방법

(1) 하나님의 약속들을 믿고 주장함 (벧후 1:4)
(2) 그리스도를 위한 삶을 통하여 세상이 하나님의 사랑과 진리를 보고 알 수 있게 함
(3) 진실한 신앙을 갖지 않은 사람들을 분별함
(4) 성경의 믿을 수 있고 확실한 예언의 말씀에 주의를 기울임 (벧후 1:19)
(5) 거짓 선지자들과 그 가르침에 주의함 (벧후 2:1)
(6) 거룩한 삶을 살아감 (벧후 3:11)

베드로후서의 주요 교리

* 믿음에 대한 위대하고 귀중한 약속들
* 거짓 교사들과 불경건한 사람들의 멸망
* 그리스도의 재림 시기

(1) 독자들이 무엇을 통해 하나님의 은혜에 대하여 들을 수 있었는가?

1:12-18

1:19-21

(2) 하나님의 백성들을 진리에서 벗어나 그릇 가도록 가르치는 사람들은 항상 있었다. 거짓 예언자들의 특성은 무엇인가? (2:1-22)

①

②

③

(3) 어떤 사건이 그리스도인들의 현재 행동을 결정해야 하는가? (3:10-14)

(4) 그리스도의 재림이 당신의 현재 생활에 어떤 영향을 끼치는가?

4 요한서신

기독교가 세상에 알려진 후 60-70년이 지나자 로마 제국의 많은 영역에서 엄청난 영향을 끼쳤다. 이러한 교회의 영향력을 깨달은 거짓 교사들은 그 힘을 약화시키기 위해 활동했다. 요한의 서신들은 거짓 교훈들을 바로잡고, 하나님의 사랑과 그리스도인의 의를 자세히 설명하기 위해 기록되었다.

요한서신의 주요 교리

* 하나님의 빛 가운데 거하는 법
* 진정한 의로움
* 사랑
* 거짓 선지자와 교사들
* 사도들과 택함 받은 종들의 권위를 인정해야 함

1) 요한일서

사도 요한은 노년에 에베소에 정착했는데, 그곳에서 바울의 사역으로 그리스도를 믿게 되었던 그리스도인들과 함께 지내게 되었다. 당시 에베소 주변 지역에는 하나님께서 예수 그리스도로 성육신하지 않았으며 거룩한 생활이 그리스도인의 삶의 본질적인 것이 아니라고 선포하는 거짓된 가르침이 판을 치고 있었다.

요한일서는 이러한 이단에 대항하기 위해 기록되었다. 그러나 이 책은 단순한 반박 그 이상이며 신약성경 중에 가장 아름답고 영감 넘치는 글이다.

핵심구절은 "내가 하나님의 아들의 이름을 믿는 너희에게 이것을 쓴 것은 너희로 하여금 너희에게 영생이 있음을 알게 하려 함이라"(요일 5:13)는 말씀이다.

요한일서는 에베소 주변의 교회들에게 보낸 사도 요한의 사적인 서신이었으며 주변 교회들이 두루 돌려 보았다. 이 서신은 이단에 대해 경고하면서 복음의 주요 본질을 강조하고 있다.

(1) 요한일서 1:1-5:13의 말씀 속에서 영생의 확신을 얻을 수 있는 다섯 가지를 찾아보라.

① 1:7

② 2:3

③ 2:15

④ 3:6

⑤ 4:7

2) 요한이서

(1) 요한에게 큰 기쁨을 주는 것은 무엇인가? (1:4)

(2) 요한이 교회에 주려고 하는 메세지의 중심 내용을 자신의 말로 요약해 보라.

(3) 진리 안에서 행하는 자들에게 어떻게 사랑을 더 잘 표현할 수 있을까?

3) 요한삼서

이 서신의 주인공은 가이오와 디오드레베이다. 교회 지도자들이 교회를 세우기 위해서 이 도시 저 도시로 다닐 때 그들은 그 지역의 동료 신자들의 접대에 의존했다.가이오는 이러한 지도자들을 자신의 집으로 초대해 환대했다. 요한은 가이오에게 그의 환대와 신실함에 대해 감사하고 그가 믿음 안에서 계속 살아가도록 격려하기 위해 이 편지를 썼다.

(1) 가이오에게 앞으로도 계속해서 하라고 격려한 것은 무엇인가? (1:2-8)

(2) 가이오가 본 받아서는 안 될 디오드레베의 행실은 무엇인가? (1:9-11)

(3) 디오드레베와 같은 태도가 교회 연합에 어떤 영향을 끼친다고 생각하는가?

5 유다서

많은 성경학자들이 유다는 예수님의 형제들 중의 하나로 예수님께서 공생애를 마치신 후에 회심했다고 본다. 유다는 자신을 '야고보의 형제'라고 부르고 있으며(1절), 17절에서 자신은 정식 사도가 아니었다고 밝히고 있다.

유다서의 주요 교리

* 임박한 배교에 대한 경고
* 거짓 교사들에 대한 묘사
* 타락한 천사들과 그들의 운명
* 천사 미가엘과 악마의 대결
* 에녹의 예언

이 서신의 전체 흐름은 모든 그리스도인이 하나님께서 성도에게 주신 믿음의 도를 위해 힘써 싸워야 한다는 것이다(1:3).

1) 유다가 이 서신을 쓴 이유는 무엇인가? (3-4절)

유다서 1:3-4 3사랑하는 자들아 우리가 일반으로 받은 구원에 관하여 내가 너희에게 편지하려는 생각이 간절하던 차에 성도에게 단번에 주신 믿음의 도를 위하여 힘써 싸우라는 편지로 너희를 권하여야 할 필요를 느꼈노니 4이는 가만히 들어온 사람 몇이 있음이라 그들은 옛적부터 이 판결을 받기로 미리 기록된 자니 경건하지 아니하여 우리 하나님의 은혜를 도리어 방탕한 것으로 바꾸고 홀로 하나이신 주재 곧 우리 주 예수 그리스도를 부인하는 자니라

2) 유다가 그의 독자들이 잊지 않고 기억하기를 원하는 두 가지 일은 무엇인가?

3) 많은 거짓 교사들이 있는 때에 그리스도인이 해야 할 책임은 무엇인가? (20-23절)

4) 24-25절에서 보여 주는 하나님의 하시는 일에 대해서 찬양하라.

유다서 24-25 [24]능히 너희를 보호하사 거침이 없게 하시고 너희로 그 영광 앞에 흠이 없이 기쁨으로 서게 하실 이 [25]곧 우리 구주 홀로 하나이신 하나님께 우리 주 예수 그리스도로 말미암아 영광과 위엄과 권력과 권세가 영원 전부터 이제와 영원토록 있을지어다. 아멘!

생명과 거룩함을 위해 필요한 모든 것을 은혜로 우리에게 주신 하나님께 영광을 돌리자. 과거, 현재, 미래의 우리의 모습에 근거를 두지 말자. 그리스도께서 십자가에서 '다 이루었다'고 말씀하셨다. 이는 하나님이 우리를 받아들일 수 있도록 모든 것을 완전히 이루었다는 영원한 표시이다. 하나님과 우리를 분리시키는 유일한 장벽은 불신의 죄이다.

적용

1. 이 과에서 당신에게 가장 의미 있는 것은 무엇인가?

2. 아래의 각 서신들에서 특별히 당신에게 도움이 된 한 가지 중요한 진리를 적어보라.

1) 히브리서

2) 야고보서

3) 베드로전서

4) 베드로후서

5) 요한일서

6) 요한이서

7) 요한삼서

8) 유다서

3. 각 진리를 당신 삶에 어떻게 적용할 것인지 적어보라.

외울 말씀 히브리서 1:1-2
옛적에 선지자들을 통하여 여러 부분과 여러 모양으로 우리 조상들에게 말씀하신 하나님이 이 모든 날 마지막에는 아들을 통하여 우리에게 말씀하셨으니 이 아들을 만유의 상속자로 세우시고 또 그로 말미암아 모든 세계를 지으셨느니라.

읽을 말씀 야고보서

제9과

요한계시록

학습 목표 : 요한계시록를 읽고 그리스도의 재림을 예비할 수 있다.

신약성경의 마지막 책인 요한계시록은 사도 요한이 그리스도인이라는 이유로 밧모섬에서 유배 당해 있는 동안 그가 받았던 계시를 기록한 것이다. 계시록의 많은 내용들은 이해하기 어렵다. 교회 역사상 위대했던 신학자들도 이 책을 모두 해석하는 일은 감당할 수 없다고 느꼈다. 예를 들면, 위대한 개혁자 칼빈(Calvin)은 성경의 다른 모든 책들에 대한 주석을 썼지만 요한계시록은 주석을 쓰지 않았다.

분명한 것은 이 책 전체의 의미가 명확하지 않더라도 이것을 읽는 자는 복이 있으리라는 약속이다(계 1:3). 애매한 부분도 있지만 어떤 개념들은 아주 명확하게 드러난다. 1장부터 3장까지는 요한에게 나타나신 예수님을 묘사하고, 소아시아 일곱 교회에 보내는 메시지를 기록하고 있다. 이 메시지들은 뜻이 아주 분명하다. 4장부터 18장까지는 난해하여 이해하기 어렵지만, 19장부터 22장까지는 하나님께서 이 세상에 최후의 구원을 가져오실 사건들에 관한 것으로 대부분 명확하다. 이 네 장은 창세기부터 이어져 온 구속의 역사를 완성하는 데 매우 중요하다.

‘사도요한의 계시록’이라고 부르는 이 책은 엄밀히 말하면 ‘예수 그리스도의 계시록’(계 1:1)이다. 이 책은 시간과 영원 속에서 일어나는 구속받은 성도들과 이 세상에 대한 하나님의 미래 계획을 보여 준다.

이 계시록은 인봉되지 않았기 때문에 우리가 공부해야 한다(계 22:10). 성경의 예언들에는 숫자와 상징들이 곳곳에서 나타나는데, 계시록은 그 해석의 근거를 제공한다. 이 숫자와 상징들은 다 요한계시록에 집중되어 나타나므로 성경의 다른 예언들과 이 계시록을 연관 지어 일관성 있게 연구할 때 더 잘 이해할 수 있다.

계시록은 하나님의 백성인 우리가 하나님의 보호를 받으며, 영원한 복을 누린다는 것을 거듭 확인시켜 준다. 또한 이 땅과 하늘의 장면들이 펼쳐지면서 구원받은 자의 기쁨과 구원받지 못한 자의 고통을 대조한다.

요한계시록을 기록하던 시기는 수많은 그리스도인들이 화염 속에 순교할 때였다. 당시 교회는 놀랍게 성장을 하면서 또한 심한 핍박을 받고 있었다.

A.D. 96년경 하나님께서 그리스도를 통해 천사를 보내어 요한에게 기록하게 하셨다(계 1:1). 요한은 이 책을 완성한 후 일곱 교회에 보냈다. ‘사랑받는 제자’로 불리던 요한은 예수님의 지상 생애 동안 가장 친밀한 친구였다(요 21:20, 24).

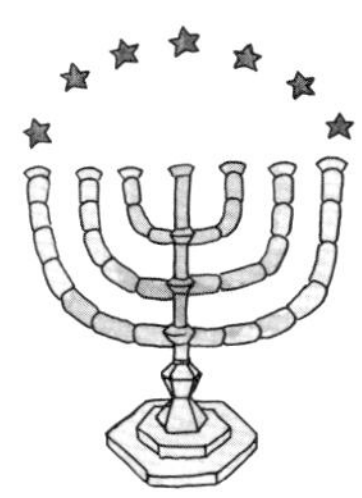

1 예수 그리스도

1) 요한계시록 1:9-20에서 요한이 묘사했던 예수 그리스도에 대해 당신이 느낀 인상을 자신의 말로 적어보라.

2) 예수님의 이러한 모습이 구세주로서의 모습과 어떻게 다른가?

요한계시록은 여러 가지 해석 방법들이 있으나 가장 좋은 것은 요한계시록 1:19에 따른 아래의 방법이다.

1. '이미 본 것' - 영광을 입은 그리스도의 환상을 봄(1장).
2. '지금 있는 일들' - 일곱 교회에 보내는 서신들(2-3장) -일곱 교회는 교회 시대의 기독교의 선과 악의 모든 면들을 말해 준다.
3. '앞으로 일어날 일들' - 장차 일어날 사건들을 보여 주심(4-22장) - 이 부분은 대환란과 예수 그리스도의 재림과 천년 왕국에 대해 자세하게 기록하고 있다.

2 교회

1) 요한이 편지를 써서 보내라고 명을 받았던 일곱 교회들의 이름을 적고 그가 각 교회에게 주는 핵심 메시지를 한 가지씩 말해 보라.

(1)

(2)

(3)

(4)

(5)

(6)

(7)

2) 계시록에서 보았던 특징들 중에서 당신의 교회에서 볼 수 있는 비슷한 것은 무엇인가?

3 마지막 사건들

1) 요한계시록 19:1-21에는 어떤 큰 사건이 기록되어 있는가?

2) 그리스도의 천년 왕국이 시작될 때 사탄의 운명은 어떻게 되는가? (20:1-3)

3) 그리스도의 천년 왕국 끝에 사탄의 최후는 어떻게 되는가? (20:7-10)

4) 모든 믿지 않는 자의 운명은 어떻게 될 것인가? (20:11-15)

5) 예수 그리스도의 재림 후 이 땅에서의 삶과 달라질 그리스도인들의 궁극적 상황 세 가지를 적어보라(21:1-7).

(1)

(2)

(3)

예수 그리스도는 분명히 다시 오신다! 그 때 인류가 이룬 모든 물질문명은 파괴될 것이다. 그리스도인들은 그리스도를 위해 한 일과 또한 이 땅에서의 행한 것들에 근거하여 심판을 받게 될 것이다.

신실한 자들에게는 그리스도의 재림이 삶에 가장 중요한 일이 될 것이다. 당신은 그리스도의 재림을 기다리고 있는가? 우리가 주님께 더 가까이 갈수록, 주님과 함께 할 우리의 미래는 생각만 해도 우리를 벅차게 할 것이다.

적용

1. 이 과에서 당신에게 가장 의미 있는 것은 무엇인가?

2. 그리스도의 재림과 앞으로 일어날 일들에 대해 당신은 어떻게 준비 하겠는가?

3. 아래에 일곱 교회들에게 주어진 명령들이 나온다. 당신 삶의 구체적인 영역에서 그 명령들을 순종할 수 있는 한 가지 방법을 적으라.

교회에 주어진 명령	순종할 방법
에베소서 : 처음 사랑을 회복하라.	
서머나 : 시련 중에 충성하라.	
버가모 : 거짓 교훈을 좇지 말라.	
두아디라 : 순수한 믿음을 굳게 잡으라.	
사데 : 영적 방심에서 깨어나라.	
빌라델비아 : 하나님의 말씀을 굳게 지키며 전하라.	
라오디게아 : 미온적이지 말고 하나님을 위해 열심을 내라.	

외울 말씀 요한계시록 21:4
모든 눈물을 그 눈에서 닦아 주시니 다시는 사망이 없고 애통하는 것이나 곡하는 것이나 아픈 것이 다시 있지 아니하리니 처음 것들이 다 지나갔음이러라

읽을 말씀 요한계시록 1-3장; 19-22장

성경을 공부하는 방법

개관: 그리스도인의 삶은 다른 사람들에게 그리스도인의 좋은 것들을 나누는 것이다.

성경을 공부하는 데 네 가지 필수 조건이 있다. 그것은 받아들이고, 순종하고, 헌신하고, 전달하는 것이다.

첫째, 진리를 받아들이라.

둘째, 그 가르침에 순종하라.

셋째, 더 깊이 알고 깨닫는 데 헌신하라.

넷째, 다른 사람과 나누라. 그리스도인의 생활이 당신에게 좋다면 그것을 다른 사람에게 나누라.

성경을 공부할 때 노트를 사용하라. 당신이 성경을 공부할 때마다 다음의 질문들에 대한 답을 적으라.

1. 나는 누구에 대해서 읽고 있으며 그들에게서 배운 것이 무엇인가?
2. 나는 어떤 장소에 대해 읽고 있으며 그 장소에 대해서 어떤 것들을 배웠는가? 그 지역에 대한 언급이 없다면 나는 그 장소를 어떻게 찾을 수 있을까? 지도에서 그 위치를 아는가?
3. 내가 방금 읽은 내용을 기억해서 말할 수 있는가?
4. 메시지 이해를 도와주는 병행 구절이나 본문이 있는가?
5. 하나님 아버지에 관해서 무엇을 배웠는가?

예수 그리스도에 관해서는 무엇을 배웠는가?

성령에 관해서는 무엇을 배웠는가?

6. 나 자신에 대해서 무엇을 깨달았는가?

나의 죄성에 대해서는 무엇을 깨달았는가?

영적인 새로운 본성에 대해서는 무엇을 깨달았는가?

7. 내가 지켜야 할 의무가 있는가?

내가 따라야 할 본보기가 있는가?

주장할 수 있는 약속은 있는가?

나를 인도하는 어떤 훈계가 있는가?

내가 해야 할 기도가 있는가?

8. 각 장이나 단락의 핵심 요절은 어느 절인가? 그것을 암송할 수 있는가?

–무디(Dwight L. Moody)